생명과 자연을 사랑한
예술가
신사임당

이야기/교과서/인물 신사임당

초판 제1쇄 발행일 2016년 3월 25일
초판 제2쇄 발행일 2021년 8월 30일
글 이재승, 공은혜 그림 손영경
발행인 박헌용, 윤호권 발행처 (주)시공사 주소 서울시 성동구 상원1길 22
전화 문의 02-2046-2800
홈페이지 www.sigongsa.com / www.sigongjunior.com

ⓒ 이재승, 공은혜, 손영경, 2016

이 책의 출판권은 (주)시공사에 있습니다.
저작권법에 의해 한국 내에서 보호받는 저작물이므로, 무단 전재와 무단 복제를 금합니다.

ISBN 978-89-527-8204-5 74990
ISBN 978-89-527-8164-2 (세트)

홈페이지 회원으로 가입하시면 다양한 혜택이 주어집니다.
잘못 만들어진 책은 구입하신 곳에서 바꾸어 드립니다.

사진 자료 제공 |
9쪽 오죽헌, 11쪽 신사임당 동상, 14~15쪽 〈초충도〉, 102쪽 〈매화도〉, 103쪽 〈국화도〉, 옥산 초서 병풍, 114쪽 《난설헌집》 **오죽헌/시립박물관**
28쪽 〈장옷 입은 여인〉, 29쪽 열녀 표창을 요청하는 문서, 46쪽 〈서당〉, 〈연못가의 여인〉, 47쪽 〈금강산내총도〉, 92쪽 《정암 선생 문집》, 102쪽 《성학집요》, 117~124쪽 〈초충도〉 **국립중앙박물관** | 56쪽 다산 초당 현판, 57쪽 〈연암집〉, 115쪽 〈김만덕 영정〉 **연합뉴스** | 57쪽 〈파초도〉 **동국대학교**

KC마크는 이 제품이 공통안전기준에 적합하였음을 의미합니다.
제조국 : 대한민국   사용 연령 : 8세 이상
주의 사항 : 책장에 손이 베이지 않게, 모서리에 다치지 않게 주의하세요.

생명과 자연을 사랑한
예술가

신사임당

이재승, 공은혜 글 | 손영경 그림

시공주니어

작가의 말 … 6

신사임당을 찾아가다 … 8

1장 바다같이 넓은 꿈을 꾸던 소녀 … 18
역사 한 고개 조선 시대 여성의 삶 … 28

2장 작은 것에 관심을 기울이다 … 30

3장 붓끝에서 피어나는 열정 … 36
역사 한 고개 조선의 대표 예술가들 … 46

4장 올바른 삶의 길을 고민하다 … 48
역사 한 고개 또 다른 이름, 호(號) … 56

5장 재주 속에 담긴 재치 … 58

6장 뜻을 꺾지 않고 나아가다 … 66

7장 그리움의 눈물로 넘은 고개 … 76

8장 옳은 길이 아니면 가지 마라 … 84
　　역사 한 고개 조선의 사화 … 92

9장 자식을 비추는 거울이 되다 … 94
　　역사 한 고개 사임당의 자녀들 … 102

10장 여성의 벽을 넘어 꽃피운 예술혼 … 104
　　역사 한 고개 꿈을 키운 조선의 여성들 … 114

신사임당에게 묻다 … 126
신사임당이 걸어온 길 … 130

신사임당을 만나다

　우리가 기억하는 우리나라의 위인들 중 여자는 많지 않습니다. 뛰어난 여자가 없어서라기보다는, 옛날 여성들은 남성에 비해 자신의 꿈을 펼칠 기회를 얻기 어려웠기 때문이지요. 그러나 그런 어려움 속에서도 꿋꿋하게 자기가 하고 싶은 일을 포기하지 않았던 여인이 있습니다. 5만 원권 지폐의 주인공이기도 한 예술가 신사임당입니다.

　여러분들은 신사임당이 율곡 이이의 어머니이기 때문에 존경받는 위인이 되었다고 생각하나요? 그렇다면 다른 위인들의 어머니들도 모두 위인이 되어야겠지요. 물론 신사임당은 훌륭한 어머니였지만, 어머니이기 전에 자신의 꿈을 위해 노력을 멈추지 않았던 예술가였습니다.

　신사임당은 높은 벼슬에 올랐던 사람도 아니고, 어떤 삶을 살았는가에 대한 자세한 기록도 남아 있지 않습니다. 그러나 신사임당이 남긴 그림과 시는 아직까지 남아 우리에게 깊은 감동을 줍니다. 그리고 그 작품들을 통해 우리는 신사임당의 삶을 짐작할 수 있습니다.

신사임당의 그림을 보면, 곤충들이 마치 살아 움직이는 듯하고, 꽃들의 빛깔도 실제처럼 오묘합니다. 지금처럼 다양한 색깔의 물감이 있던 시대도 아니었는데 말이지요. 이처럼 신사임당의 그림 자체도 대단하지만, 우리가 눈여겨보아야 할 것은 그림에 깃든 신사임당의 노력과 열정입니다. 한 폭의 그림을 위해 얼마나 많이 그리고 지우기를 반복하며 연습했을까요?

신사임당은 지금의 여러분에 비하면 꿈을 이루기에 훨씬 어려운 환경에서 살았습니다. 아무리 그림을 그리고 글을 써도 출세를 하거나 남들에게 인정받기 어려웠으니까요. 그러나 신사임당은 굳은 의지를 가지고 자신이 가고자 하는 길을 묵묵히 걸어 나갔습니다.

그러한 신사임당의 삶을 이런저런 이야기로 풀어낸 이 책에서, 여러분은 자신이 좋아하는 것을 더 잘하기 위해 노력하고, 자신의 목표를 위해 고민하며, 때로는 강한 마음을 먹고 뜻하는 바를 이루어 내기도 하는 신사임당의 모습을 만날 수 있습니다. 또 〈역사 한 고개〉에 담긴 여러 역사 정보를 통해 신사임당이 살았던 시대를 더 잘 이해할 수 있을 것입니다.

여러분은 꿈을 위해 어떤 노력을 하고 있나요? 상황이 어렵거나 힘들다고 포기하지는 않았나요? 신사임당의 모습을 통해 여러분의 삶을 되돌아보고 배울 점을 찾아 작은 것이라도 실천해 보세요. 비록 우리와 다른 시대를 살았지만, 꿈을 위해 살아가는 모습은 다르지 않으니까요.

그럼 이제 우리 주변에 있을 법한 어린 소녀 신사임당이 살던 그 시절로 함께 돌아가 볼까요?

이재승, 공은혜

● 신사임당을
찾아가다

강릉 오죽헌
신사임당이 태어나고 자란 집이자
아들 이이를 낳은 곳.
강원도 강릉시 율곡로 3139번길 24

용돈 속 숨은그림찾기

"쉿, 조용히 해 줘!"

입 앞에 갖다 댄 검지와 나지막한 내 목소리에 왁자지껄 떠들던 아이들이 머쓱한 표정을 짓고는 이내 종종걸음으로 사라졌다. 뛰어놀던 아이들에겐 미안한 마음이 들었지만 어쩔 수 없다. 성찬이가 떠들썩한 소리를 듣고 여길 찾아오면 곤란하니까. 눈앞의 기와집을 찬찬히 살피며 손에 쥔 5천 원짜리 지폐를 들어 펼쳤다.

'여기가 틀림없는 것 같아.'

가슴이 콩닥콩닥 뛰었다. 현판에 걸린 한자를 다 읽을 순 없었지만 가운데 글자가 대나무 죽(竹) 자이니까 여기가 오죽헌이라는 게 내 예상이다.

'이제 하나만 더 찾으면 숨은 그림 3개를 다 찾는 거야!'

따가운 햇살에 이마에는 송골송골 땀이 맺히고 등줄기를 타고 땀방울이 주르륵 흘렀다. 하지만 지금 그런 것은 문제가 안 된다. 나는 화폐 속 숨은 그림을 찾아다니는 탐정이니까!

사실 이 숨은그림찾기는 강릉 할머니 댁에 다녀오는 길에 차창 밖으로 보이던 글씨를 따라 시작되었다. 30분여를 넘게 달렸는데 지치지도 않는지 동생 성찬이는 종달새처럼 재잘재잘 떠들어 대고 있었고, 아버지께서도 우리에게 강릉에 대해 이런저런 이야기를 들려주고 계셨다. 하지만 나는 성찬이와 아버지의 이야기를 흘려들으며 반쯤은 꿈나라에 가 있었다.

"누나, 모자 화폐가 뭐야?"

갑작스런 성찬이의 질문에 눈을 감고 졸던 나는 얼떨결에 창밖을 내다보게 되었다. 성찬이가 손으로 가리키는 곳을 눈으로 따라가 보니 '세계 최

신사임당이 자란 곳, 오죽헌

초 모자 화폐 인물 탄생지 – 오죽헌'이라는 글씨가 보였다.

'강릉에 이런 곳이 있었나?'

"모자는 엄마와 아들이라는 뜻이야. 엄마와 아들이 모두 우리나라 돈에 그려져 있거든."

우리를 지켜보고 계시던 아버지께서 말씀하셨다. 흥미로운 이야기에 잠이 슬슬 달아났다.

"아! 학교에서 배웠어요. 신사임당과 아들 율곡 이이죠?"

나는 성찬이 앞에서 으쓱하며 아버지의 말을 거들었다.

"인선이가 잘 알고 있구나. 맞아. 신사임당과 이이는 5만 원권과 5천 원권의 주인공이란다."

"우아, 그럼 엄마랑 내가 둘 다 돈에 나온 거나 마찬가지네."

어머니와 자기를 번갈아 가리키는 성찬이의 말에 가족 모두 웃음이 터졌다.

"하하하하!"

한바탕 웃음이 잦아들자 이런저런 궁금증이 고개를 내밀었다.

그러고 보니 위인으로 알려진 분들 중에 여자는 별로 없다. 신사임당은 어떤 분이었을까? 그저 이이의 어머니여서 훌륭하다고 하는 것은 아닐 텐데. 그러면 모든 위인의 어머니들이 위인전의 주인공으로 나왔을 테니까. 이런 나의 생각을 읽기라도 하신 듯 어머니께서 차에서 내릴 준비를 하며 말씀하셨다.

"말이 나온 김에 우리 함께 오죽헌에 가 볼까? 신사임당과 이이가 태어난 곳에 가면 무언가 더 알게 될지도 몰라."

"좋아요!"

나는 안 그래도 졸렸던 터라 바깥 공기를 마실 생각에 기분이 들떴다. 성찬이도 덩달아 신난 표정이었다.

"너희들, 할머니께 받은 용돈 있지? 가지고 내리렴. 지폐에 그려진 그림을 실제로 찾아보면 더 재미있을 거야. 숨은 그림을 3개 찾은 사람은 용돈을 두 배로 주마!"

아버지의 말씀이 끝나기 무섭게 우리의 함성이 차 안을 가득 메웠다.

"와, 아빠 최고!"

그렇게 의기양양하게 5만 원권과 5천 원권을 주머니에 넣고 오죽헌 입구에 들어선 지 이제 20여 분이 지났다. 먼저 신사임당 동상에서 5만 원권에 그려진 신사임당을 찾았고 방금 전 두 번째로 오죽헌과 대나무들을 찾았으니 5천 원권에 그려진 풍경도 찾았다. 성찬이와 아빠는 몇 개나 찾았을까.

또 어디에 그림이 숨어 있을까 기대하는 마음으로 이리저리 발걸음을 옮기다 보니 까르르 아이들의 웃음소리가 들려왔다. 무슨 재미있는 일이라도 있는 걸까? 나도 모르게 웃음소리가 들려오는 곳을 따라

오죽헌에 있는 신사임당 동상

발걸음을 옮겼다. 성찬이 또래 정도 되는 아이들 서너 명이 모여서 흙장난이라도 하는 듯 동그랗게 모여 앉아 있었다.

"이제 어떻게 할 거야? 집에 가져갈까?"

"더 갖고 놀래."

가까이 다가가 보니 작은 풀벌레 한 마리가 아이들 손바닥에서 파르르 떨고 있었다. 금방이라도 죽을 것처럼 날개를 축 늘어뜨리고 있는 모습이 안쓰러웠다. 오지랖이 넓은 것일 수도 있지만 이런 일을 그냥 지나칠 내가 아니다.

오죽헌 뜰에 있는 검은 대나무, 오죽

"이게 무슨 짓이야? 이리 내. 곤충으로 장난치면 못써."

우격다짐으로 겨우 벌레를 구한 나는 근처 화단에 살짝 놓아 주었다. 벌레는 한동안 움직이기 힘든 듯이 그 자리에 가만히 있더니 이윽고 날개를 떨며 움직였다.

"더 움직여 봐. 힘들어?"

빨리 숨은 그림을 찾으러 가야 하는데 벌레가 걱정되는 마음에 그만 화단 앞에 쪼그려 앉아 버렸다. 왠지 벌레가 힘차게 움직이는 모습을 봐야 마음이 편해질 것 같았다. 시간이 지나자 벌레는 구부러진 가느다란 다리에 조금씩 힘을 주는가 싶더니 옆에 떨어진 잎새 위로 폴짝 뛰어올랐다.

그때였다.

"작은 사임당이로구나!"

등 뒤에서 들려오는 굵고 낮은 목소리에 정신이 든 나는 화들짝 놀라 일어섰다. 웃음을 지으며 뒷짐을 진 아저씨가 목에 걸고 계신 명찰에는 '문화 관광 해설사'라고 쓰여 있었다.

"네? 누가요?"

"학생 말이야. 옛날 사임당도 학생처럼 풀벌레와 식물을 유심히 보고 관찰했을 거야. 사임당이 그린 이 그림을 보면 알 수 있지?"

아저씨가 가리키는 곳을 보니 식물과 곤충을 멋지게 그려 놓은 그림이 눈에 들어왔다.

"이것이 신사임당의 그림인가요?"

"그렇단다. 정말 실제의 모습과 비슷하지? 다른 화단에 가면 다른 식물

오죽헌에 소장되어 있는 신사임당의
〈초충도 – 수박과 여치〉

오죽헌에 소장되어 있는 신사임당의
〈초충도 – 가지와 사마귀〉

과 곤충을 그린 그림도 있지."

"인선이 누나도 그림 엄청 잘 그려요!"

익숙한 목소리에 돌아보니 언제 왔는지 아버지 어머니와 성찬이까지 모두 내 옆에 서서 아저씨의 설명을 듣고 있었다.

"학생 이름이 인선이야? 이런 우연이 있나. 사임당의 어렸을 적 이름도 인선이었거든."

"정말요?"

아저씨의 말씀에 나는 깜짝 놀라 아버지 어머니를 번갈아 쳐다보았다. 부모님도 신기하다는 듯이 눈을 크게 뜨고 서로를 바라보고 계셨다.

"푸하핫! 엄마 아빠 표정 좀 봐!"

나와 성찬이가 크게 웃음을 터뜨렸다.

우리 가족과 해설사 아저씨는 함께 화단을 거닐며 사임당의 그림을 구경했다.

"어? 누나! 이 그림이 돈에 있는 거랑 똑같아."

성찬이가 5천 원짜리 지폐를 흔들며 호들갑스럽게 손짓을 했다.

"정말이네! 여기 숨어 있었구나."

세 번째 숨은 그림을 성찬이에게 넘겨주게 됐지만 아쉬운 마음은 전혀 들지 않았다. 이미 신사임당의 그림 속에 푹 빠져 있었기 때문이다. 풀잎 하나, 나비의 몸짓 하나, 작은 벌레 하나까지도 섬세하게 그린 그림을 보니 감탄이 절로 나왔다.

"정말 대단하네요. 어린 인선이는 작은 생물들을 정말 좋아했나 봐요!"

나의 감탄에 아저씨께선 고개를 끄덕이며 말씀하셨다.

"그렇단다. 하지만 그림만 잘 그린 것이 아니지. 글씨도 잘 쓰고 시도 잘 지었단다. 저기 있는 기념관에 가 보면 많은 작품들이 있으니 구경해 보렴."

알면 알수록 신사임당이라는 인물이 궁금해졌다. 어떻게 이런 작품들을 만들었을까? 여기 오죽헌에서 신사임당은 어떤 모습으로 지냈을까?

검은 대나무가 빽빽이 들어선 오죽헌의 뒤뜰을 지나 방 안을 살짝 들여다보았다. 어린 인선이의 글 읽는 소리가 나지막이 들려오는 듯했다.

내 가슴이 다시 뛰기 시작했다.

내가 아직 찾지 못한 세 번째 숨은 그림.

그건 바로 신사임당이 살아온 이야기였다.

1장
바다같이 넓은 꿈을 꾸던 소녀

"이 **생원** 댁에서는 이번에도 딸을 낳았다지?"

"어이구, 외동딸이 또 딸을 낳았다니. 그 댁은 아들 복이 그렇게나 없을까."

옹기종기 모여 앉아 빨래를 치대던 아낙들이 목소리를 낮춰 수군거리기 시작했다. 지나가던 다른 아낙들도 어느새 자리를 잡고 앉아 대화에 끼어들었다.

"그 댁이 외손자 보기를 얼마나 바랐는데. 하늘도 무심하시지."

"그래도 입조심들 해. 행여 그 댁 앞에서 그런 소리 말아."

빨래 바구니를 이고 종종걸음으로 집으로 돌아가는 아낙들 뒤로 뉘엿뉘엿 지는 해가 긴 그림자를 만들고 있었다.

저 멀리 푸른 동해 바다를 끼고 강원도 한쪽에 고즈넉하게 자리 잡은 북평 마을은 어느 때보다 한적하고 평화로웠다. 나무들은 앙상한 가지에 다시 순을 틔우고 들녘은 파랗게 물드는 봄날, 이 생원 댁의 둘째 외손녀딸 인선은 마루에 앉아 새순을 틔우는 나무를 바라보며 두 눈을 빛냈다. 나뭇가지 끝에 걸린 구름이 마치 솜꽃이 핀 것처럼 보여 시간 가는 줄을 모르고 있었다.

"인선아, 인선이는 어디 있느냐?"

외할아버지의 목소리에 문득 정신이 든 인선은 옷매무새를 가다듬고 마당으로 내려섰다.

왁자지껄 소리가 들리는 곳으로 향하니 언니와 동생들이 옹기종기 마당에 모여 할아버지 앞에서 글씨를 쓰고 있었다.

"이건 '하늘 천'이고요, 이것은 '땅 지'예요."

"옳지, 그렇지. 우리 막내가 잘 쓰는구나."

할아버지가 동생의 머리를 쓰다듬으며 웃었다. 삐뚤삐뚤한 막내의 글씨를 보며 인선은 웃음이 나왔지만 동생이 기특한 마음이 들었다.

"저도 써 볼게요."

▶ **생원**
생원시에 합격한 사람을 부르는 말. 생원시는 유교 경전에 대한 지식을 평가하는 과거 시험으로, 여기에 합격하면 성균관 입학 자격이 주어졌다.

"그래, 인선이는 무엇을 쓸 테냐?"

잠시 생각에 잠긴 인선은 이윽고 나뭇가지를 들어 흙 위에 쓱쓱 글씨를 써 내려갔다.

仁義禮智
人性之綱

"무슨 뜻인지 아느냐?"

"인의예지(仁義禮智)는 인성지강(人性之綱)이라. 어질고, 의롭고, 예의 바르고, 지혜로움은 인간 성품의 근본이라는 뜻이어요. 어젯밤 책에서 보았는데 마음에 남아서 써 보았어요."

이 생원은 눈을 빛내며 문장을 풀어내는 손녀딸의 총명함에 내심 놀라며 헛기침을 해 댔다.

"허허.《사자소학》을 읽고 있느냐?"

"네. 그런데 어려운 한자도 있어서 잘 읽지는 못해요."

할아버지의 질문에 대답하는 인선의 볼이 붉게 물들었다.

《사자소학》
어린이 교육의 기초 교재로, 일상생활의 도덕을 쉬운 말로 엮은 책.

"이따 할아비 방으로 오너라. 다른 책도 보여 주마."

"정말요?"

"책을 읽는 것이 그렇게 좋으냐?"

"그럼요. 책 속에는 정말 큰 세상이 담겨 있어요. 게다가 옛날 훌륭한 분들의 생각을 읽을 수 있으니 정말 재미있고 기뻐요."

마당에서 들려오는 이 생원과 인선의 대화에 인선의 어머니 이씨 부인은 가슴 한구석이 뭉클해져 왔다.

'인선이 저 아이가 만약 아들로 태어났다면 큰 인물로 자라날 수 있었을 텐데.'

인선이를 낳았을 때 또 딸이라며 수군대던 아낙들의 이야기를 모르는 바 아니었다. 게다가 그 뒤로도 연거푸 딸 셋을 낳았으니 남편에게 미안한 마음을 이루 말할 수 없었다. 그러나 남편 신명화 공은 오히려 이씨 부인을 다독였다.

"딸도 아들만큼 귀한 자식인데 무엇을 아쉬워한단 말이오. 바르고 어진 아이로 키우는 것이 부모의 도리 아니겠소."

한양에 있는 남편의 목소리가 생생히 들리는 듯했다. 어머니의 병간호를 위해 어쩔 수 없이 남편과 떨어져 이곳 북평에서 지내고 있었지만 늘 남편을 마음속에 그리고 있었다.

이씨 부인은 자식들에게 더 좋은 부모, 훌륭한 본보기가 되리라 마음을 다잡으며 수를 놓던 손길을 재촉했다. 인선이가 요즘 자수에 관심을 가지고 배우고 싶어 해서, 이 자수를 완성해 내일 견본으로 내놓을 생각이었다.

인선은 언제나 배우는 데에 주저함이 없는 영특한 딸이었다.

"어머니, 저 인선이예요."

인선의 인기척에 부인은 눈가에 어린 눈물을 얼른 닦아 내고 목소리를 가다듬었다.

"들어오너라."

조금 전 할아버지와의 대화로 상기된 표정의 인선이 문을 열고 들어섰다. 그리고 여느 때보다 빠른 걸음으로 어머니 앞에 와 앉았다. 애써 차분하려고 애쓰는 모습이었지만 들뜬 마음을 감출 수는 없었다.

"어머니, 할아버지께서 글을 더 알려 준다고 하셨어요. 지금 당장 가 볼까요?"

인선은 마치 금방이라도 다시 일어나 나갈 듯이 말했다.

순간 부인의 눈썹이 꿈틀했다.

"《내훈》의 교훈을 잊었느냐? 몸가짐에 부끄러움을 지니고, 행동하거나 가만히 있음에 법도를 지키는 것이 여인의 덕이라 하였다. 가벼이 행동하지 말고 항상 행동거지를 정갈히 하거라."

이씨 부인의 엄숙한 목소리에 인선은 아차 하는 생각이 들었다. 책을 읽

《내훈》
조선 9대 왕 성종의 어머니 소혜 왕후가 부녀자의 훈육을 위하여 만든 책.

을 기쁨에 젖어 중요한 것을 잊고 있었다. 풀이 죽은 인선을 보며 이씨 부인은 다정히 미소를 띠었다.

"어미의 말은 몸가짐을 바르게 하라는 것이지 책을 읽지 말라는 것이 아니다. 책 속에는 어미가 가르쳐 주지 못하는 훌륭한 가르침이 많이 있지 않느냐. 글 읽는 것을 게을리하지 말고 꾸준히 정진하거라. 꿈을 꾸는 것은 누구도 막을 수 없는 법이다."

이씨 부인의 말에 고개를 떨구고 바닥을 바라보던 인선의 얼굴이 다시 밝게 빛났다.

"네, 어머니. 명심하겠어요."

어머니의 말씀을 되새기며 방을 나서는데 정다운 목소리가 들려왔다. 인덕 언니가 아직도 마당에서 동생들과 놀아 주고 있는 모양이었다.

"여태 있었던 거야?"

"응. 너는 어딜 그리 바삐 가?"

"할아버지 뵈러. 아까 책 더 주신다고 하셨잖아. 이따가 어머니께 자수도 배울 건데, 언니도 같이할래?"

"자수는 지루한걸."

"그렇긴 하지만 생각을 차분히 할 수 있어서 좋아. 또 완성하면 얼마나 뿌듯한데."

인선의 말에 언니가 샐쭉하며 쏘아붙였다.

"그리고 여자가 글공부는 해서 뭐하려고? 어차피 벼슬길에 나가지도 못하는데. 살림하고 밥이나 잘 지으면 되는 것이지."

"벼슬을 하려고 공부하는 것이 아니잖아. 지혜와 덕을 쌓기 위해 공부하는 거야."

언니는 말문이 막혀 인선을 쳐다보았다. 인선은 생긋 웃으며 발걸음을 재촉했다.

오후에 접어드니 제법 선선한 바람이 불어오고 있었다.

'오늘 저녁은 시원하니 마루에 앉아서 책을 읽어 볼까?'

마당을 가로지르는 인선의 발걸음도 점점 빨라졌다.

그때였다. 담 너머에서 들려오는 왁자지껄한 소리가 인선의 발걸음을 붙잡았다. 제법 시끄러운 소리에 인선은 저도 모르게 대문 쪽으로 발길을 돌렸다.

'오늘 동네에 무슨 일이 있나?'

두 손으로 무거운 대문을 밀고 고개를 길게 빼 보았지만 소리는 생각보다 멀리서 들려왔다.

'개울까지만 나가서 살펴볼까?'

잠시 망설이던 인선은 호기심에 한 발을 내딛었다.

"어디를 또 나가려는 게냐? 쓸데없이 밖으로 나돌아 다녀서는 안 된다고 일렀거늘!"

등 뒤에서 들려오는 어머니의 호통에 인선은 화들짝 놀라 그 자리에 얼어붙었다.

"저, 그것이……."

당황하여 시선 둘 곳을 잃어버린 인선의 볼이 뜨겁게 달아올랐다.

"양갓집의 여식이 그리 동네를 헤집고 돌아다니면 웃음거리가 된다고 몇 번이나 말하지 않았느냐. 어서 안으로 들어오너라."

인선은 못내 아쉬움이 남았다. 세상은 인선에게 늘 궁금하고 또 궁금한 곳이었다. 마음속으로 조용히 한숨을 내쉬던 인선은 어머니께 고개를 숙이고 다시 할아버지 방으로 발걸음을 옮겼다.

"할아버지, 계세요?"

문밖에서 할아버지를 불러 보았지만 방 안에선 인기척이 없었다.

'오늘 나가신다고 했던가?'

할아버지를 기다리기로 마음먹은 인선은 마루에 걸터앉아 담 너머 풍경을 바라보았다. 이제 해는 내려앉고 하늘이 점차 붉게 물들어 가고 있었다.

'밖에는 어떤 세상이 있을까?'

어머니께 꾸중을 들었지만 바깥세상을 향한 인선의 호기심을 꺾지는 못했다. 인선은 가만히 눈을 감고 바깥세상에 나갔던 일을 찬찬히 떠올려 보았다. **단오** 때였을까. **행랑어멈**의 손을 잡고 시끌벅적한 거리를 지났던 기억이 났다. 풍겨 오던 떡 냄새, 아이들의 재잘거림, 아낙들의 웃음소리, 그네를 타고 하늘만큼 높이 날던 여인들. 그날의 기억에 다시 가슴이 방망이질 쳤다. 세상은 작은 마당에서 놀던 인선이 생각했던 것보다 훨씬 크고 복잡했다.

다시 한번 넓은 세상 구경을 하고 싶었지만 이유 없이 대문 밖으로 발을 내딛었다가는 어른들의 불호령이 떨어질 것이 뻔했다.

'그 많은 사람들은 저마다 어떤 꿈을 가지고 살고 있을까? 나는 앞으로

무엇을 잘할 수 있을까?'

비록 밖을 자유롭게 다닐 수는 없었지만, 여인으로서 어떻게 훌륭한 자신을 만들어 갈 수 있을까 하는 새로운 고민이 인선을 사로잡았다.

'꿈을 꾸는 것은 누구도 막을 수 없다.'

어머니의 말씀이 인선의 마음을 다시 한번 두드렸다. 붉게 타는 노을마냥 어린 소녀 인선의 마음도 뜨겁게 타올랐다.

단오
음력 5월 5일로, 액운을 물리치고 무병장수를 기원하는 명절. 여러 가지 떡을 해 먹고, 그네뛰기, 씨름 등 민속놀이를 즐겼으며, 마을 수호신에게 단오제를 지내기도 했다.

행랑어멈
행랑에 살면서 집안일을 돕는 나이 든 여자 하인. 행랑은 하인들이 머무르는 방을 뜻한다.

조선 시대 여성의 삶

조선 왕조는 유교 이념을 바탕으로 나라를 다스리고 백성들을 가르치고자 하였다. 따라서 성리학적 질서에 따라 남녀를 철저히 구별하고, 여자는 남자에 비해 엄격히 통제받는 생활을 하게 되었다. '남녀칠세부동석(男女七歲不同席, 남자와 여자가 7살만 되어도 한자리에 같이 앉지 않는다)'이라는 말처럼, 남성과 여성은 어렸을 때부터 엄격하게 구별되었으며, 당연히 여자아이들과 남자아이들은 함께 어울려 놀 수 없었다. 여자아이들은 서당을 다니는 등의 교육의 기회를 가질 수 없었고, 대신 집안에서 살림을 위한 기술을 배워야 했다.

신사임당이 살았던 16세기까지는 남편이 아내의 친정에 들어가 사는 처가살이가 보편적이었고 재산의 상속도 아들과 딸 모두에게 이루어졌지만, 조선 중기를 거쳐 후기로 갈수록 성리학적 관습이 더욱 깊이 뿌리를 내리면서 남녀의 차별이 점점 심해지게 되었다. 혼인을 한 후에는 여자가 시집에 들어가서 사는 것이 당연하게 되었으며, 조상의 제사를 모시고 제사를 상속받는 권리는 모두 장남에

〈장옷 입은 여인〉, 신윤복
장옷을 입어 얼굴을 가리고 외출한 여인을 그린 그림. 장옷은 그림에서 보듯 소매와 동정이 있는 모양이며, 쓰개치마는 단순한 치마의 모양이었다.

게 주어졌다. 집 안의 공간도 나뉘어 남자는 사랑채에 머물며 손님들을 맞이하고 바깥출입을 활발히 하였지만 여자는 안채에 머물며 집안일에 충실해야 했다.

조선 시대 여자들은 바깥출입이 자유롭지 않았으며 밖에 나갈 일이 있을 때에는 얼굴을 드러내서는 안 되었다. 여자들은 외출시 얼굴을 가리기 위해 장옷이나 쓰개치마를 사용하였다.

조선 왕조는 건국 초기부터 여성의 곧은 절개, 즉 정절을 매우 강조하였고 이를 여성의 최대 덕목으로 여겼다. 정절을 잃어버리지 않도록 하기 위해 여자들은 친척 이외의 사람을 방문할 수 없었고 집 안에서만 지내야 했다. 조선 후기로 갈수록 여성들의 사회적 지위는 더욱 낮아져 아내는 남편을 잘 섬기는 것이 가장 중요한 일이었으며, 남편이 죽어도 재혼할 수 없었다.

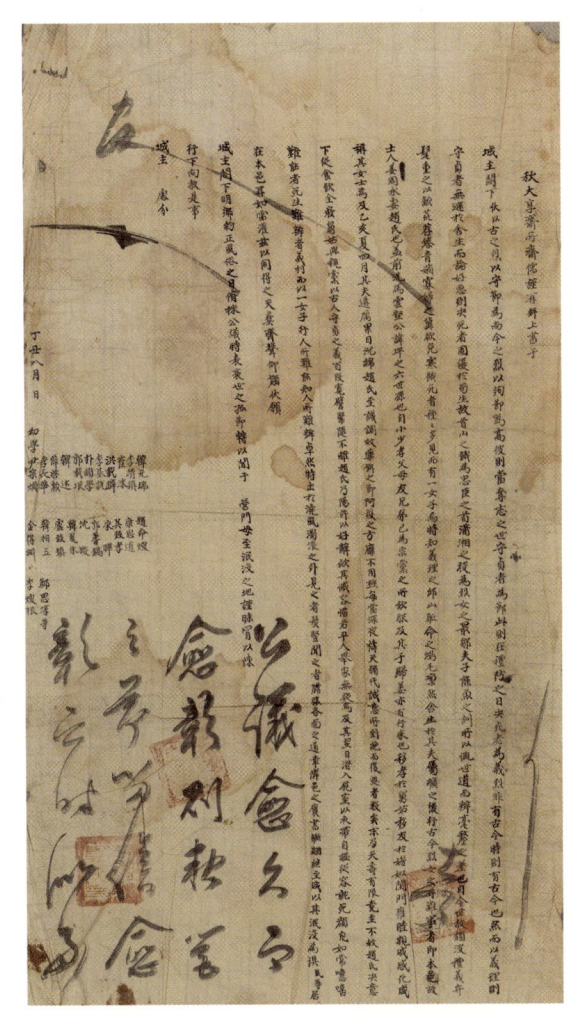

열녀 표창을 요청하는 문서
조선 시대 어느 고을의 유생 23명이 올린 민원 문서로, 선비 강주영의 부인 조씨가 정절을 지키기 위해 죽은 것에 대해 상을 내려 달라고 요청하는 내용이다. 남편이 죽은 뒤 다시 다른 사람과 결혼하지 않는 것은 당연한 일이며, 남편을 따라 죽어야 열녀라 부를 만하다는 당시 사회의 사고방식이 담겨 있다.

2장
작은 것에
관심을 기울이다

창밖으로 뿌옇게 동이 터 오고 있었다. 짹짹짹 새들이 지저귀는 소리, 달그락거리며 아침을 준비하는 소리가 새로운 하루의 시작을 알리는 듯 분주히 들려왔다. 어젯밤 할아버지에게서 빌린 책을 밤늦게까지 읽다 잠든 인선의 얼굴 위로도 햇살이 드리웠다. 눈부신 햇살을 손으로 가리며 눈을 비비던 인선이 순간 놀라 벌떡 일어났다.

'에구머니나! 벌써 날이 샜네. 어머니께서는 벌써 일어나셨을 텐데.'

인선은 게으름을 경계하고 부지런함을 실천하라는 어머니의 말씀을 항상 마음에 새기고 실천하려고 노력했다.

'어서 아침 인사를 드리러 가야지.'

서둘러 머리를 빗고 옷을 입고 나와 마루에서 내려선 인선은 신을 신으려 몸을 구부렸다. 그때, 인선의 눈에 옹기종기 모여 있는 작은 개미들이 눈에 들어왔다. 아마 신발 밑에 숨어 있다가 우르르 달아나는 모양이었다. 익숙한 길인 양 마당 한구석으로 재빠르게 사라지는 개미들을 눈으로 쫓으며 인선은 호기심에 눈을 빛냈다.

'왜 여기에 있었던 거지? 어디로 가는 걸까?'

끝까지 따라가 보고 싶은 마음을 애서 누르며 할아버지, 할머니가 계신 방으로 발걸음을 옮겼다. 하지만 아쉬워할 필요는 없었다. 비밀 장소에 가면 다시 개미들을 만날 수 있기 때문이다. 요즘 인선은 그 장소에 푹 빠져 있었다. 그곳은 언제나 놀라운 일이 가득한 곳이었다. 그곳에 있으면 시간 가는 줄 모르고 눈앞의 세계에 몰두할 수 있었다. 누구에게도 말하지 않은 채 인선은 그곳을 자신만의 비밀 장소로 정해 두고 있었다.

'오늘은 또 어떤 것들을 볼 수 있을까?'

어른들께 인사를 마친 인선은 기대되는 마음으로 가만히 발걸음을 옮겼다. 인선의 마음을 사로잡은 그 장소는 다름 아닌 장독대 뒤편의 어둡고 축축한 작은 공간이었다. 그 공간은 할머니가 오래전부터 가꾸어 온 텃밭과도 연결되어 있었다. 인선은 오늘도 작은 나뭇가지를 들고 비밀 공간에 앉아 흙장난을 시작했다.

나뭇가지 위로 개미들이 올라오기도 하고 때로는 하얀 나비가 살포시 앉기도 했다. 여치가 기역 자로 꺾인 기다란 다리를 움직이며 다가오기도 했고, 이름 모를 벌레들이 인사를 하듯 지나쳐 가기도 했다.

생물들이 저마다 말을 걸어 오는 듯했다. 생김새도 다르고 걷는 모양도

다르고 내는 소리도 다르다. 마치 사람이 사는 세상과 같다는 생각을 하며 인선은 작은 생물들의 세계에 빠져들고 있었다.

"인선아! 너 어디에 있는 거니?"

멀리서 어머니가 부르는 소리에 인선은 졸음에 빠져 있다 깬 아이처럼 정신이 번쩍 들었다.

"얘가 어디로 갔담."

어머니의 소리가 가까워지자 인선은 저고리에 묻은 흙을 털어 내며 나뭇가지를 놓고 일어섰다. 오랜 시간 앉아 있었던 탓에 다리가 뻐근해 왔다.

"어머니, 저 여기에 있어요!"

장독대 뒤에서 고개를 빼고 일어서 있는 인선의 모습을 보고 어머니는 영문을 모르겠다는 표정으로 다가왔다.

"아니, 게서 뭘 하고 있어?"

"주변에 있는 이런저런 것들을 보고 있었어요."

"거기에 그리 신기한 것이 많더냐?"

인선이 가리키는 곳을 따라 이씨 부인도 시선을 옮겼다.

"어미의 눈에는 별것이 없어 보이는데 말이다."

"그렇게 서서 보지 마시고요, 이렇게 앉아서 보면 얼마나 많은 것들이 보인다고요."

인선의 성화에 못 이겨 부인도 인선의 손을 잡고 쪼그려 앉았다. 모녀는 장독들 사이에 나란히 앉아 작은 생물들의 세계를 숨죽여 들여다보았다. 과연 인선의 말대로 높은 곳에서는 보이지 않던 다양한 생물들이 이리저리 움직이며 자신만의 이야기를 풀어내고 있었다.

"이것들이 움직이는 것이 그리도 신기하더냐?"

"움직이는 것뿐만이 아니에요. 여기 이 잎사귀도, 활짝 핀 저 꽃들도 다 달라요. 꽃잎도 한 가지 색으로만 된 것이 아니라 여러 가지 색이 들어 있어요. 하나의 줄기에서 피어난 꽃들도 저마다 조금씩 색이 다르지요?"

이씨 부인은 인선의 세심한 관찰력에 내심 놀라고 있었다. 이토록 자세히 들여다보려면 한 가지에 완전히 집중할 수 있어야 한다. 그리고 무엇보다 이 모든 생물들을 사랑하는 마음이 있어야 한다.

어느새 인선은 다시 나뭇가지를 주워 마당 위에 맨드라미 한 송이를 그리고 있었다. 꼬불꼬불한 꽃잎의 모양을 따라 나뭇가지가 춤을 추듯 흙 위를 맴돌았다.

"어머니, 이 꽃은 마치 부채를 펼친 것같이 생겼어요. 앉아서 올려다보면요, 마치 닭의 볏 같기도 하고요."

"정말 그렇구나."

어머니의 대답에 신이 난 인선은 그 뒤로도 한참을 그림을 완성하는 데 공을 들였다. 한낮의 뜨거운 햇살이 장독 위로 내리쬐고 흙 위로도 부서져 내렸다. 이마에 송골송골 맺히는 땀도 잊은 채, 인선은 즐거운 놀이에 시간 가는 줄 몰랐다.

처음에는 그저 흙 위에 하는 낙서에 지나지 않았다. 장독대 위에 앉은 개구리를 보고 톡 튀어나온 눈과 커다란 입을 그리는 것이 고작이었다.

'보기와는 다르게 그려지네. 어떻게 하면 실감 나게 그릴 수 있을까?'

골똘히 턱을 괴고 생각에 잠겨 개구리를 유심히 바라보다 보니 인선은 점차 자세한 생김새를 알게 되었다.

'아하, 몸통의 이 부분이 다리로 연결되는구나. 다리의 모양도 다 같은 것이 아니었어.'

자세히 살펴보니 앞다리와 뒷다리의 모양이 어떻게 다른지, 앉아 있을 때와 뛸 때의 모습이 어떻게 다른지 알 수 있었다. 자세한 모습을 알고 그릴수록 더욱 실감 나는 그림이 되는 것이 무척 신기했다.

꽃과 열매도 마찬가지였다. 할머니의 텃밭에는 이름 모를 풀과 꽃, 열매가 가득해 그저 살펴보는 것만으로도 즐거웠다. 인선은 잎이 어떤 모양으로 마주 나 있는지, 꽃잎은 몇 장인지, 줄기와 어떻게 연결되어 있는지 유심히 들여다보았다. 저마다 향이 다르듯 모양도 빛깔도 모두 달랐다. 게다가 계절이 바뀌어 새롭게 피어나는 꽃을 볼 때면 그 오묘한 모습에 마음이 사로잡혔다.

어느새 인선의 취미는 떨어진 꽃잎을 줍고 작은 벌레들을 잡아다 그림으로 그리는 일이 되었다. 잡았던 벌레들을 다시 마당으로 돌려보내 주는 일도 잊지 않았다.

'오늘은 무얼 보고 그려 볼까?'

바람에 흙먼지가 날리던 마른 땅 위에서는 인선의 나뭇가지 아래로 민들레꽃이 피고 풀벌레가 날았다. 또 탐스러운 가지와 오이가 열리고 나비가 날갯짓을 했다. 마당 한구석은 언제나 인선의 화선지가 되었다.

3장
붓끝에서 피어나는 열정

 여느 때처럼 마른 흙 위에 개양귀비 꽃잎을 그리던 인선의 손이 갑자기 멈추었다. 문득 든 생각이 마음속에 울림이 되어 가슴을 쿵쾅쿵쾅 울리고 있었다.
 '종이에 붓으로 그림을 그릴 수 있으면 얼마나 좋을까?'
 그러나 계집아이가 그림 공부를 하겠다고 하면 어머니와 할머니, 할아버지가 틀림없이 탐탁지 않아 할 것이다.
 '어쩌지……. 그래, 일단은 그것으로 그려 보자!'
 인선은 아쉬운 대로 할아버지가 쓰다 망가진 붓을 물에 적셔 그림을 그려 보기로 했다. 어디에 그림을 그릴까 주위를 두리번거리던 인선은 이내 쨍쨍한 햇볕에 마른 넓적한 돌을 찾아 자리를 잡고 앉았다.

장독 뚜껑을 벼루 삼아, 고인 물에 붓을 담가 골고루 붓털을 적셨다. 인선은 예전에 할아버지가 글을 쓸 때 어깨너머로 보았던 모습을 흉내 내 보았다. 곧게 허리를 세우고 앉아 물에 적신 붓을 조심스럽게 돌 위에 떨구었다. 돌 위로 굵은 물줄기가 뻗어 나갔다. 흙바닥에 나뭇가지로 그릴 때보다 선의 굵기를 다르게 그릴 수 있게 되니 훨씬 재미가 있었다.

'여기에다 봉오리를 그려야지.'

그러나 물로 그린 가지 옆에 붓을 대는 순간 곧 돌에 물이 번져 모양이 일그러지고 말았다. 게다가 붓도 끝이 갈라져 선이 잘 그려지지 않았다.

'역시 이것만으로는 잘 안 되는구나.'

실망스런 마음에 붓을 쥔 손에서 슬그머니 힘이 빠졌다. 붓을 내려놓은 인선은 돌 위가 아니라 화선지 위에 먹으로 그림을 그리는 상상을 했다. 종이 위에 멋진 그림을 그리는 자신의 모습이 떠올랐다.

'어머니께 어떻게 말씀드려야 하지?'

울적한 마음을 위로라도 하듯 흰나비 한 마리가 포르르 날아와 앞에 앉았다. 물끄러미 나비를 바라보는 인선의 눈에 못내 아쉬운 마음이 어렸다.

며칠 후, 이씨 부인은 좀처럼 부탁이라고는 한 적이 없던 둘째 딸이 했던 말을 떠올리며 생각에 잠겨 있었다.

"어머니, 종이에 제대로 된 그림을 그려 보고 싶어요."

"그림을? 네가 그림을 배우고 싶으냐?"

"배우고 싶다기보다는, 종이에 그리면 지금보다 더 좋은 그림을 그릴 수 있을 것 같아서요."

부인도 인선의 그림에 대한 열정을 모르는 바 아니었다. 그러나 여자들이 글을 읽고 그림을 그리는 것을 달갑지 않은 눈으로 보는 사람들이 많은 시대였다. 주제넘게 여기거나 시간 낭비라고 생각하며 수군거릴 터였다.

한동안 생각에 잠겨 있던 부인은 이윽고 결심을 한 듯 일어나 벽장을 열고 화선지와 먹을 챙겨 마당으로 나왔다.

"인선아, 이리 와 보거라. 종이에 그림을 그리고 싶다 하였지?"

종이와 먹을 바라보는 인선의 눈이 설렘으로 가득 찼다.

"네. 종이 위에 붓으로 그려 보고 싶어요."

"그래, 네가 그리 원하는 것이니 이것을 주마."

지필묵을 받아 드는 인선의 손이 살짝 떨려 왔다.

"그림을 그리는 것도 마음을 수련하는 것과 같으니라. 흐트러진 생각으로 붓을 잡으면 제대로 된 그림이 나올 수 없어. 그림을 그리기 전에는 심신을 정갈히 하고 온 마음을 집중하여 붓을 잡거라."

"네, 어머니. 정말 감사합니다."

기쁨에 못 이겨 눈물을 글썽이며 돌아가는 딸의 뒷모습을 보며 부인은 멀리 떨어져 있는 남편을 떠올렸다.

'우리 인선이가 종이 위에서 뛰어난 재주를 마음껏 펼 수 있으면 그보다 좋은 일이 없겠지요?'

인선은 방에 돌아와 두근거리는 마음을 진정하고 새하얀 종이를 펼쳐 보았다. 귀한 종이를 선뜻 내준 어머니에게 감사한 마음을 느끼며 손끝으로 살며시 종이를 쓸어 보았다. 괜한 짓을 한다고 꾸중을 듣지는 않을지 오전 내내 마음을 졸였던 것이다.

인선은 찬찬히 먹을 갈며 무엇을 그리면 좋을까 골똘히 생각해 보았다. 은은한 묵향이 코끝을 간지럽혔다.

'어제 마당에 그렸던 나비를 그려 볼까? 아님 봉선화?'

인선은 붓을 들어 먹을 흠뻑 적셨다. 아직 어떤 방법으로 붓을 써야 하는지 잘 몰랐지만 붓을 잡자 묘한 기대감과 즐거움이 밀려왔다.

톡.

붓끝에서 떨어진 한 방울의 먹이 화선지 위로 굴렀다.

'마치 잎사귀에 맺힌 이슬 같아.'

한동안 탱글탱글하게 봉긋 솟아 있던 먹은 점차 화선지에 젖어 들고 검은 파장을 그리며 둥글게 퍼져 나갔다. 인선의 마음에도 뜨거운 무언가가 퍼져 나가는 듯했다.

이윽고 붓을 잡은 손이 종이 위에서 춤을 추듯 움직였다.

이내 매끄러운 종이 위에서 인선의 붓은 멈출 줄 모르고 아름다운 곡선

지필묵(紙筆墨)
종이, 붓, 먹을 아울러 이르는 말.

을 만들어 냈다. 붓을 쥐는 세기에 따라서, 붓을 눕히는 정도에 따라 전혀 다른 선들이 생겨나는 것이 그렇게 재미날 수가 없었다. 먹이 지나간 자리에는 봉선화의 줄기가 곧게 뻗어 가고 작은 꽃봉오리가 탐스럽게 맺혔다. 물의 농도를 생각하며 조심스럽게 잎사귀들을 그려 넣었다. 붓을 떼는 방향에 따라 전혀 다른 느낌의 잎이 생겨나는 모습에 인선은 그림이란 참으로 신비하다는 생각이 들었다.

숨죽여 한참 동안 그림을 그리던 인선은 마침내 붓을 내려놓고 조금 떨어져서 찬찬히 자신이 그린 그림을 살펴보았다.

'그릴 땐 몰랐는데 지금 보니 한쪽으로 치우친 그림이 되었네.'

어쩐지 아쉬움이 남았다.

'다시 그려 봐야지.'

새 종이를 펼치자 새하얀 세상이 다시 펼쳐졌다. 크게 숨을 들이쉬고 붓을 고쳐 잡았다. 몇 번이고 같은 그림을 다시 그려 나가는 인선이었다.

그림 그리는 시간이 늘어나고 작품이 하나둘 쌓여 갈수록 그림에 대한 인선의 열정은 커져 갔다. 더 훌륭한 그림을 그리고 싶은 마음은 더욱 커져만 가는 데 비해 매일 같은 그림을 그리니 실력이 나아지지 않는 것 같아 답답한 생각도 들었다. 그 마음을 알기라도 하듯, 인선에게 새로운 그림을 만나게 되는 기회가 찾아왔다.

여느 때처럼 서책에 나오는 어려운 문구를 여쭤 보러 할아버지 방에 들렀다 나오는 길이었다. 방 한쪽 구석에 쌓여 있는 책들 가운데 놓여 있던 그림 족자 하나가 인선의 마음을 사로잡았다. 깎아지른 듯한 절벽과 높은 나무. 반쯤 펼쳐져 있는 족자였지만 그 그림을 보는 순간 인선은 숨이 막히도록 압도당하는 느낌이 들었다. 가로세로 방향으로 힘차게 그어 내린 붓의 흔적이 모여 엄청난 공간감을 자아내고 수려한 풍광을 담아내고 있었다.

'정말 대단한 그림이야. 내가 저 풍경 속에 서 있는 것만 같아.'

저절로 입이 벌어지고 가슴이 두근거렸다.

다음 날 아침, 그림 생각 때문인지 인선은 여느 때보다 일찍 눈이 떠졌다. 할아버지, 할머니에게 아침 인사를 여쭈러 가는 인선의 발걸음이 더욱 빨랐다.

"할아버지, 할머니. 저 인선이예요."

"오냐, 들어오너라."

"밤새 안녕히 주무셨어요?"

아침 문안 인사를 하면서도 인선의 눈은 어제의 그림 족자를 좇아 두리번거렸다. 족자는 어제의 그 자리에 그대로 있었다.

"인선이는 잠을 잘 못 잔 게로구나. 무슨 근심이라도 있는 것이냐?"

할머니의 인자한 목소리에 인선은 용기를 내었다.

"저, 사실은 어제 책을 두고 나가는 길에 저 그림을 보았어요. 그런데 그 풍경이 잊히지 않아서……."

인선의 말에 할아버지는 놀랍다는 듯이 허리를 펴며 웃었다.

"허허허, 안견의 그림 말이냐? 우리 인선이가 보는 눈이 있구나."

할아버지의 말에 인선의 눈이 커졌다.

"안견이오?"

"그래, 안견의 산수화는 살아 있는 듯 놀라운 힘을 가지고 있지. 비록 이것은 베낀 그림이긴 하다만 그 느낌은 어느 정도 전해지기에 가져와 본 것이란다."

할아버지가 펼쳐 놓은 그림을 보니 인선은 더욱 안견이라는 화가가 대단하다는 생각이 들었다. 인선의 마음을 읽기라도 한 듯, 할아버지는 싱긋 웃으며 그림을 인선의 앞으로 내밀었다. 가까이에서 그림을 본 인선은 그림 속으로 더 다가가려는 듯 허리를 숙였다.

"어떻게 이렇게 붓을 썼는지 정말 신기해요. 그리고 이 우뚝 솟은 나무는 정말 힘찬 느낌이 들어요."

"허허, 정 이 그림이 마음에 든다면 가져가서 보겠느냐?"

"정말요? 그래도 될까요?"

"그럼, 되다마다."

그림을 받아 드는 인선의 눈가에 눈물이 괴었다. 할아버지도 손녀의 기쁨 어린 얼굴에 덩달아 미소를 머금었다. 눈앞에 있는 손녀는 겨우 일곱 먹은 어린아이였다. 아직 안견의 그림을 흉내 내기에는 턱없이 모자라는 실력이지만 자신이 하고 싶은 일에 의욕을 가지고 몰두하는 손녀가 기특했다. 처음에는 인선이 그림을 그린다는 이야기를 듣고 내심 탐탁지 않았던 것이 사실이다. 그러나 밤 늦도록 그림을 그리고 마당을 기웃거리며 꽃과 생물을 살피는 손녀를 보며 그 끈기와 열정에 혀를 내두르게 된 것이다.

안견의 산수화를 보며 그림 연습을 거듭할수록 인선의 그림 실력도 나날이 발전해 나갔다. 산수화를 따라서 그려 보기도 하고, 즐겨 그리던 작은 생물들도 더 집중해서 그려 보았다. 처음에는 하나의 생물을 자세히 표현하는 데 노력을 기울였지만 전체적인 구도에 맞추어 여러 생물들을 늘어놓는 것에도 재미를 붙였다. 같은 사물이라도 어느 위치에 그리느냐에 따라 전체적인 그림의 분위기가 달라지기 때문이었다. 거기에 식물을 찧어 곱게 색을 내 돌가루에 섞은 물감을 입히면 생물들은 살아 움직이는 듯 더욱 생생해졌다.

"수박 그림이 정말 탐스럽구나. 침이 저절로 고이네."

"언니가 그린 메뚜기는 진짜 같아. 금방이라도 뛰어오를 것 같은걸."

가족들의 칭찬에도 인선은 생긋 웃기만 할 뿐 자랑하거나 뽐내는 기색이 없었다. 오히려 더 연습에 정진할 뿐이었다.

"둘째 아씨는 지겹지도 않은가 봐. 한참 전부터 저리 앉아 있으니."

"저번에 마당에 내놓으신 그림을 봤는데 정말 놀랐다니까요. 풀벌레 그림을 글쎄, 닭이 진짜인 줄 알고 쪼아 댔지 뭐예요."

"그림만이 아니야. 그제는 밤 늦도록 글 읽는 소리가 들려오더라니까."

하인들의 수군거림은 담 너머까지 들리기 일쑤였다. 점차 인선의 재주는 소문을 타고 동네 사람들에게도 조금씩 알려지기 시작했다. 주위의 시선에 조금은 우쭐하고 뽐낼 법도 했지만 인선은 흔들림 없이 언제나 자신의 재주를 부족하다 여기고 연습에 매진했다.

인선은 완성한 작품들을 모아 놓고는 틈틈이 다시 보면서 부족한 점을 찾아 고치는 일이 무엇보다 즐거웠다. 방 안에는 그림 연습을 한 종이 뭉치들이 한가득 쌓여 있었다. 종이를 아끼기 위해 한 번 그림을 그렸던 종이도 말려서 다시 사용하곤 했기 때문이었다.

  그렇게 그림에 열중하는 동안 어느새 마당에는 땅거미가 내려앉고 쌀쌀한 저녁 바람이 불어왔다. 조용히 흙먼지 날리는 소리만이 마당을 가득 메우고 있었다.

  덜컥. 굳게 닫힌 채 인선의 그림자만을 담아내던 방문이 둔탁한 소리를 내며 열렸다. 오늘따라 그림이 잘 그려지지 않았던 것일까. 그동안 쉴 새 없이 연습해 왔던 탓인지 붓을 쥐고 있는 것이 힘겹게 느껴지는 하루였다. 인선은 조용히 붓을 내려놓고 마당에 나와 바람을 쐬며 처음 붓을 잡았던 날을 떠올렸다.

  그저 선 하나 긋는 것에도 얼마나 가슴 떨리도록 신기해했던가. 작은 생물들을 몇 번이고 들여다본 끝에 그 생김새를 자세히 알게 되었을 때는 또 얼마나 기뻤던지. 어렵게 종이를 구해다 주시는 어머니와 좋은 그림을 선뜻 내주신 할아버지의 마음은 헤아리고도 남았다.

  '무엇이든 쉽게 얻어지는 것이 어디 있겠어. 꾸준히 정진하면 어제보다 더 나아지기 마련이야.'

  마음을 다잡고 나니 머릿속이 한결 가벼워졌다. 마당가 풀숲 속 귀뚜라미도 인선의 마음을 알기라도 한 듯 귀뚤귀뚤 더 힘차게 울어 댔다.

조선의 대표 예술가들

신분과 장르를 아우른 그림을 그리다 – 단원 김홍도

이른 나이에 도화서의 화원이 되어 궁중 화가로 자리 잡은 김홍도는 정조 임금의 지지를 받으며 명성을 날렸고, 벼슬에 오르기도 했다. 말년에는 서민들의 평범한 일상을 담은 그림을 많이 남겼는데, 따뜻한 정감이 묻어나는 김홍도의 풍속화는 조선 시대의 문화와 역사를 짐작하게 하는 중요한 자료이기도 하다.

〈서당〉, 김홍도

〈연못가의 여인〉, 신윤복

풍류와 해학이 담긴 과감한 그림을 그리다 – 혜원 신윤복

김홍도, 김득신과 함께 조선의 3대 풍속화가로 불리는 신윤복은 풍속화의 영역을 보다 넓힌 화가로, 유연하고 자유로운 선과 색채로 과감한 그림을 시도했다. 그 전까지 그림에 많이 등장하지 않았던 여성들을 그림의 주요 대상으로 삼았으며, 양반들을 풍자하는 그림을 그려 해학을 담아내기도 했다.

그림을 통해 신묘한 경지에 이르다 – 안견

조선 초기에 활동한 안견은 이후에 등장하는 화가들에게 큰 영향을 미친 화가이다. 중국의 그림들을 보고 공부하여 자신만의 화풍을 만들어 낸 안견은 자연을 묘사하고 웅장한 풍경을 담아내는 데 관심을 가졌으며 특히 산수화에 뛰어났다.

〈몽유도원도〉, 안견
세종의 셋째 아들인 안평 대군이 복숭아밭에서 노니는 꿈을 꾼 후, 그 모습을 안견에게 이야기하여 그 풍경을 그림으로 담아낸 작품. 현실 세계와 꿈의 세계가 조화롭게 어우러져 있으며 시대의 걸작으로 평가받는다.

조선의 풍광을 화폭에 담다 – 겸재 정선

정선은 진경산수화의 개척자로 알려진 화가이다. 진경산수화란 우리나라에 실재하는 풍경을 섬세한 붓놀림으로 표현한 우리 고유의 화풍으로, 조선 후기 화단에서 매우 유행하였다. 정선은 그 밖에도 다양한 분야의 그림에 두루 뛰어난 화가로 당시 큰 명성을 얻으며 활발히 활동하였다.

〈금강산내총도〉, 정선

4장
올바른 삶의 길을 고민하다

아침부터 마당에는 떠들썩한 소리가 가득했다. 밥 짓는 연기가 여느 때보다 일찍 모락모락 피어오르고, 지글지글 음식 익어 가는 소리가 코끝을 간지럽혔다. 하인들은 조금이라도 더 깨끗하게 마당을 쓰느라 분주히 움직였다.

'맞다, 오늘은 아버지께서 오시는 날이지.'

평소처럼 어머니를 돕기 위해 일찍 일어난 인선도 다시 한번 거울을 보며 머리를 곱게 빗고 옷매무새를 가다듬었다.

오늘은 가족과 떨어져 한양에 살고 있는 아버지 신명화 공이 오랜만에 강릉 처가에 오기로 한 날이었다. 인선의 외할머니의 건강이 나빠지자 이 씨 부인은 남편을 설득하여 강릉 친정에 남아 어머니의 병간호를 계속해 왔던 것이다.

비록 입 밖에 낸 적은 없지만 어머니의 처지를 깊이 이해해 주는 아버지의 넓은 마음을 인선은 느낄 수 있었다. **진사시**에 합격하였으나 벼슬길에 나가지 않고 선비의 길을 묵묵히 걷고 있는 아버지는 인선의 마음속에 더할 나위 없는 큰 기둥이었다.

언니와 동생들도 신이 났는지 아침 일찍 일어나 음식 준비를 거드느라 여념이 없었다. 인선도 일손을 보태기 위해 얼른 마당으로 내려섰다. 얼마나 지났을까. 해가 중천을 넘어가고 아버지를 맞을 준비도 다 되어 갈 무렵, 반가운 소리가 들려왔다.

"바깥어른께서 오셨습니다요!"

대문가에서 들리는 소리에 다섯 자매는 모두 그리운 아버지를 만날 생각에 기뻐 달려 나갔다. 먼 길을 오느라 약간은 지친 듯하였지만 언제 보아도 번듯하고 강직한 아버지의 얼굴이 딸들을 반겼다.

"그래그래, 막내가 벌써 이렇게 컸느냐? 허허허."

"아버지 오셨어요? 먼 길 오시느라 피곤하시지요?"

"오냐, 인선이도 잘 있었느냐?"

진사시
조선 시대 과거 시험 중 글 쓰는 능력을 평가하는 시험. 이 시험에 합격한 사람을 진사라고 불렀으며, 생원과 마찬가지로 성균관 입학 자격이 주어졌다.

아버지의 다정한 물음에 인선의 얼굴에도 햇살마냥 환한 웃음이 번졌다. 오랜만에 모인 가족들은 그동안의 안부를 묻고 살아가는 이야기로 한참 이야기꽃을 피웠다.

어느덧 하늘을 물들인 붉은 노을빛이 장독까지 내려앉았다. 선선한 저녁 바람을 맞으며 마루에 앉아 글을 쓰고 있던 신명화 공의 눈에 푸른빛 치마 자락이 들어왔다. 고개를 들어 보니 인선이 목을 빼고 이쪽을 구경하고 서 있었다. 아버지가 무슨 글을 쓰시나 싶어 저도 모르게 가까이 와 버린 모양이었다.

"인선이로구나. 이리 와 앉아 보거라. 듣자니 인선이가 글도 열심히 읽고 그림도 잘 그린다지?"

"아니에요. 그저 부족한 솜씨를 어른들께서 과하게 칭찬해 주시는 것뿐이에요."

"허허. 아비도 네 그림을 몇 점 보았는데 아주 잘 그렸더구나."

"과찬이세요."

그렇게 대답은 하면서도 인선은 오랜만에 만난 아버지로부터 인정을 받는 것이 무척이나 기뻤다.

"아비가 한 가지 궁금한 것이 있구나. 인선이는 열심히 글을 읽고, 그림을 그리는 이유가 무엇이냐?"

"음, 그것은……."

잠시 생각에 잠겼던 인선이 대답했다.

"책 속엔 옛 분들의 깊은 지혜가 담겨 있어 그것을 얻을 수 있고, 그림을 그리다 보면 마음을 정리하고 맑게 할 수 있기 때문이에요."

"허허허, 과연 그렇구나. 그렇다면 인선이는 지혜를 얻고 마음을 맑게 하여 앞으로 어떻게 살 것이냐?"

"네?"

아버지의 물음에 인선은 말문이 막힌 채 갑작스런 아득함을 느꼈다. 책을 읽고 그림을 그리는 즐거움이야 늘 느끼며 누려 왔던 것이지만 그것을 통해 앞으로 어찌 살아 보겠다는 생각까지는 해 본 적이 없었던 것이다. 선뜻 대답을 하지 못하고 망설이는 인선을 보고 아버지는 엷은 미소를 띠며 말했다.

"앞으로 어떻게 살아갈지 뜻을 정하는 것, 즉 입지를 분명히 하는 것은 비단 사내의 사명만이 아니다. 아녀자로서도 자신이 어찌 살아가야 할지를 늘 마음에 두고 올바른 길을 고민하여야 한다. 아비가 숙제를 하나 내야겠구나. 인선이가 앞으로 마음에 두고 삶의 스승으로 생각하고 싶은 분을 찾아보거라. 결정되면 아비에게도 알려 다오."

"예, 아버지. 그리하겠어요."

아버지의 말씀은 고요하던 인선의 마음속 바다에 큰 돌을 던진 듯 묵직하게 가라앉았다. 인선은 자세를 고쳐 앉고 누구를 인생의 스승으로 삼으면 좋을까 골똘히 생각해 보았다.

그날부터 인선은 그 숙제를 늘 마음속에 품고 그 답을 찾고자 노력했다. 바깥으로 자유롭게 다닐 수 없는 대신 책 속에 담긴 훌륭한 분들의 이야기를 읽고 또 읽었다. 그러나 막상 스승으로 삼을 사람을 찾고자 하니 쉽게 정해지는 바가 없었다.

'휴, 이렇게 깊이 생각해야 하는 것이었다니.'

인선은 머리를 식힐 겸 잠시 자리에 누워서 천장을 바라보았다. 사람은 누구나 자신만의 인생을 살아간다. 그러나 어떤 사람은 후대에까지 칭송받는 위대한 사람이 되고 어떤 사람은 그렇게 되지 못한다. 그 차이는 어디에서 오는 것일까? 인선은 곰곰이 생각에 잠겼다.

'의미 있는 삶을 산다……. 그것이 바로 **군자**의 삶이 아닐까?'

한참을 그렇게 생각에 빠져 있던 인선은 무슨 생각이 들었는지 벌떡 일어나 방 한쪽에 쌓여 있는 책 더미로 다가갔다. 요즘 열심히 읽고 있는 중국의 역사책들을 골라낸 인선은 바르게 앉아 책장을 넘기기 시작했다. 인선의 손이 점점 빨라지다가 어느 한 부분에서 멈춰 섰다.

'그래, 바로 이분이야!'

인선의 눈망울이 기쁨으로 빛났다. 한 구절 한 구절 놓치지 않으려는 듯 책을 읽어 내려가던 인선은 이내 크게 숨을 몰아쉬고는 종이와 붓을 꺼내 들었다. 숨조차 죽이고 붓을 잡은 인선의 손이 종이 위에서 정성스레 몇 자의 글자를 만들어 냈다.

'인선이는 지혜를 얻고 마음을 맑게 하여 앞으로 어떻게 살 것이냐?'

인선은 아버지의 물음을 마음속에 떠올려 보았다.

'이제 그 답을 찾은 것 같아.'

먹이 채 마르지 않은 종이를 바라보는 인선의 얼굴에 엷은 미소가 떠올랐다.

야속하게 시간은 흘러 어느덧 아버지가 다시 한양으로 돌아가는 날이 되었다. 아버지를 배웅하기 위해 모인 가족들은 모두 섭섭함을 감추지 못했다. 인선도 이제 몇 달간 또 아버지를 보지 못한다는 생각에 울적한 기분이 들었다.

"그리 섭섭해하지 말거라. 다음에 올 때는 인선이가 읽을 책도 몇 권 가져다주마."

아버지의 말에 인선은 어제까지 줄곧 생각해 왔던 이야기를 조심스레 꺼냈다.

"저, 아버지께서 내신 숙제를 풀었어요."

"오호, 그래? 어떤 답을 찾았느냐?"

인선은 대답 대신 종이를 내밀었다.

"사, 임, 당?"

"네, 제가 지은 호예요."

"허허, 네가 호를 지었단 말이냐? 사임(師任)이라. 무슨 의미인지 궁금하구나."

고개를 갸우뚱하는 아버지의 모습에 인선이 대답했다.

 군자
유교에서 도덕적으로 완성된 인격을 갖춘 사람을 일컫는 말. 성품이 어질고 학식이 높은 지성인을 뜻한다.

"중국의 **태임**을 스승으로 삼아 본받겠다는 뜻이어요. 그분처럼 지혜롭고 어진 여인이 되는 것이 제 꿈이 되었어요."

인선의 말에 아버지도 고개를 끄덕였다.

"사임당이라. 태임이야말로 높은 학식과 훌륭한 인품으로 칭송받는 당대 최고의 여인이지. 신사임당. 허허, 그것 참 좋은 호로구나. 아비도 마음에 든다."

아버지의 격려를 받으니 인선은 자신이 지은 호가 더욱 마음에 들었다.

누군가를 바라보며 꿈꾸는 것만으로도 이렇게 행복해질 수 있던가. 불끈 쥔 두 손에 어쩐지 더 힘이 들어가는 것 같았다.

태임
주나라 문왕의 어머니. 성품이 올곧고 덕이 높아 많은 사람들에게 위대한 여인으로 칭송을 받았다.

또 다른 이름, 호(號)

조선의 선비들은 하나의 이름만을 가진 것이 아니라 명(名), 자(字), 호(號)와 같은 여러 이름을 가지고 있었다. 명은 태어나면 부모가 지어 주는 이름이며 자는 남자가 혼인 전에 관례를 행할 때 부모나 웃어른이 지어 주는 또 다른 이름을 말한다. 그렇다면 호는 무엇일까? 유교 문화권에서는 다른 사람의 이름을 함부로 부르지 않는 풍습이 있었기 때문에 선비들은 허물없이 편하게 부를 수 있는 이름인 호를 지어 즐겨 사용했다. 호는 자신이 직접 짓는 경우가 많았고, 짓는 방법도 다양했다. 또한 한 사람이 여러 개의 호를 지어 사용하기도 했다.

좋아하는 것이나 존경하는 인물의 이름을 따서 짓는 경우

• **다산(茶山) 정약용:** 조선 후기의 실학자인 정약용은 유배 생활 도중에 자신의 호를 지었는데, 다산은 유배지에 있던 산인 만덕산의 별칭이다. 차를 즐겨 마시던 취향을 따라 자신에게 차를 제공해 주는 산의 이름을 딴 것이다.

다산 초당 현판
다산 초당은 정약용이 전라남도 강진에 귀양 가 있는 동안 생활하며 《목민심서》 등 주요 저서를 집필한 곳이다. 현판의 글씨는 조선 후기 대표 서예가 추사 김정희의 작품이다.

• **단원(檀園) 김홍도:** 단원은 중국 명나라의 사대부 화가 이유방의 호이다. 조선의 대표적 풍속화가 김홍도는 이유방처럼 시, 서, 화에 뛰어난 선비의 모습을 닮고자 자신의 호를 단원이라 지었다.

머물렀던 장소의 이름을 따서 짓는 경우

- **율곡(栗谷) 이이:** 신사임당의 아들이자 조선의 대표적 학자, 정치가인 이이는 경기도 파주 율곡리에 살 때 이곳의 이름을 자신의 호로 삼았다.

- **연암(燕巖) 박지원:** 조선 후기의 실학자인 박지원은 황해도 근처 연암 골짜기에 머물 때 이곳의 이름을 따서 자신의 호를 지었다.

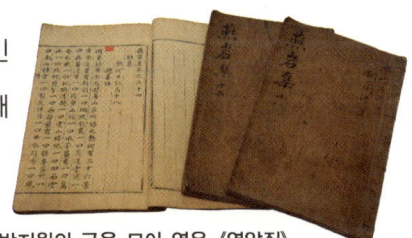

연암 박지원의 글을 모아 엮은 《연암집》

이루고자 하는 소망이나 의지를 담아 짓는 경우

- **홍재(弘齋) 정조 이산**

  조선의 22대 왕 정조는 큰 집을 의미하는 '홍재'라는 호를 지어 사용했다. 이는 왕세손 시절 자신이 지내던 동궁 침소에 붙인 이름이었는데, 넓은 도량을 정치의 근본으로 삼아 백성에게 인정을 베풀겠다는 의지를 담은 호이다.

- **망우당(忘憂堂) 곽재우**

  조선 중기의 의병장 곽재우는 임진왜란을 극복하는 데 큰 공을 세운 장수였다. 그의 호 '망우'의 한자는 '잊을 망(忘)', '근심 우(憂)'로 나라의 위기를 극복하고 근심을 잊겠다는 의지를 담고 있다.

〈파초도〉
그림과 글씨에 능했던 정조가 그린 그림. '홍재'라고 새긴 낙관이 찍혀 있다.

5장
재주 속에 담긴 재치

푸른 잎새가 단풍이 되어 떨어지고 이내 그 자리에 낙엽이 구르더니, 목화솜마냥 흰 눈이 흙바닥을 소복이 덮기를 거듭하며 몇 해가 지났다. 마당 한구석의 매화나무도 몇 번이고 새순을 틔우고 꽃을 피웠다.

머리를 단장하느라 여념이 없는 손길 사이로 살짝 얼굴이 드러났다. 이제는 소녀티를 벗고 제법 여인의 분위기가 나는 규수의 얼굴이었다.

"사임당, 준비는 다 되었는가?"

"아이, 어머니도 참. 이제 나가요."

오랜만의 바깥나들이에 곱게 차려입은 인선이 마당에 내려섰다. 이제는 사임당이라고 불려도 어색하지 않을 모습이었다. 이씨 부인도 훌쩍 자란 사임당의 모습을 보며 미소를 띠었다. 위로 하나 있던 언니가 시집을 가고 이제는 사임당이 집안의 맏이 역할을 하게 되었다. 어머니 또한 아들 못지않게 바르고 곧게 자란 사임당에게 많은 의지를 하고 있었다.

　모녀는 대문을 나섰다. 사임당과 어머니는 오늘 혼례가 있는 이웃집으로 가는 길이었다. 혼례 장소는 벌써 사람들의 웃음소리와 이야기 소리로 떠들썩했고, 잔치 음식 냄새로 분위기는 더욱 무르익어 가고 있었다. 사임당은 얼굴을 아는 몇몇 이웃들과 인사를 나누었다.

　"저이가 이 생원 댁 둘째 외손녀라지?"

　"글도 잘 쓰고 그림도 잘 그린다고 소문이 자자하더라고요."

　"맞아요. 저번에 저 댁에서 자수본도 얻어 왔어요. 직접 그렸다고 하던데요."

　"정말이야? 하지만 그리는 걸 두 눈으로 직접 본 게 아니지 않아."

　"그래, 그걸 어떻게 믿어?"

　"하긴요. 믿을 수는 없지만요."

　사임당을 두고 동네 아낙들과 처녀들의 이야기가 두런두런 이어졌다. 이미 글과 그림으로 사임당의 솜씨를 듣기는 했지만 직접 본 적은 없는지라 여인이 그만큼의 재주를 가지고 있다고는 믿기 어려운 모양이었다. 사임당의 귀에도 동네 사람들의 이야기가 들려왔지만 자신의 솜씨를 뽐내는 성격이 아니었던지라 그저 조용히 웃기만 할 뿐이었다.

　그때였다.

　"쨍그랑!"

　잔치의 흥을 깨는 날카로운 소리가 들려왔다. 사임당과 그 주변에 있던

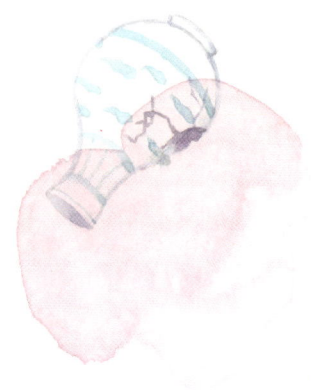

사람들은 놀란 토끼 눈이 되어 소리가 난 쪽을 돌아보았다. 음식을 나르던 한 처녀가 술병을 떨어뜨려 병 조각들이 사방에 흩어져 있고, 콸콸 쏟아져 나온 술이 흙바닥을 흠뻑 적시고 있었다.

"아이고, 술병을 깬 모양이네."

"에구구, 저런. 다치진 않았니?"

곁에 있던 아낙들이 놀라 우두커니 주저앉은 처녀를 다독이며 일으켜 세웠다.

"다치진 않았는데……. 이를 어쩌면 좋아요."

술병 조각을 주워 담던 처녀가 울먹이기 시작했다. 처녀의 고운 치마에 보기 싫은 얼룩이 들어 버린 것이었다.

"오늘 잔치에 입으려고 빌린 것이에요. 어떡해요."

"걱정 마라. 새 옷감을 사서 주면 되지 않니."

"새 옷감을 살 형편이 못 되는 걸요. 이를 어쩌면 좋아."

처녀의 눈에서는 금방이라도 눈물이 떨어질 듯했다. 사람들도 처녀의 딱한 처지에 혀만 끌끌 찰 뿐 문제를 해결해 줄 수는 없는 노릇이었다.

그 모습을 가만히 지켜보던 사임당은 머릿속에 문득 한 가지 해결책이 떠올랐다. 잠시 망설이던 사임당은 조심스럽게 다가가 입을 열었다.

"저어, 실례가 안 된다면 제가 치마를 좀 보아도 될까요?"

처녀는 사임당이 다가오자 눈물이 고인 두 눈을 동그랗게 떴다. 그러나 이내 지푸라기라도 잡는 심정으로 치마에 물든 얼룩을 펼쳐 보여 주었다.

얼룩의 모양을 가만히 살펴보던 사임당은 이내 결심한 듯 입술을 깨물며 크게 숨을 들이쉬었다.

"저에게 방법이 하나 있어요."

"정말요? 그것이 무엇이에요?"

처녀와 주변 사람들이 정말 해결할 방법이 있냐는 듯 놀란 표정으로 사임당을 바라보았다.

"우선 치마를 벗어 주세요."

"치마를 벗으라고요? 무얼 하시게요?"

처녀는 기가 막힌다는 듯이 사임당을 바라보았다. 사임당은 아랑곳하지 않고 자신 있는 태도로 말했다.

"어서 안에 들어가서 치마를 벗어 펼쳐 놔요. 그리고 누군가 붓과 먹을 좀 가져다주세요."

곁에서 지켜보던 이씨 부인도 처음에는 놀라 말리려고 하였지만 사임당의 진지한 표정을 보고는 잠자코 지켜보기로 하였다.

'저 아이에게 무언가 생각이 있는 모양이야.'

어느새 사임당의 주변으로 사람들이 모여들었다. 사임당은 부엌 안 평평한 곳에 얼룩진 치마를 펼쳐 놓은 채 먹을 갈기 시작했다. 먹을 가는 동안 주변 사람들의 웅성거리는 소리가 안을 가득 메웠지만 신경 쓰지 않은 채 골똘히 생각에 잠겨 있었다.

이윽고 먹을 내려놓은 사임당은 붓을 집어 들고 먹을 듬뿍 묻혔다. 그런 모습을 바라보는 처녀의 눈에는 아직 걱정의 빛이 역력했다.

드디어 붓이 치마 위로 향하더니 얼룩이 진 부분 위에 멈춰 섰다. 손이 붓대를 '톡' 하고 살짝 치자 먹물이 방울을 이루며 떨어져 내렸다. 떨어진 먹은 얼룩 위로 스며들고 곧장 둥근 원을 그리며 퍼져 나갔다.

"에구머니나! 이게 무슨 짓이에요?"

놀란 처녀가 소리를 꽥 질렀다.

"쯧쯧. 안 그래도 더럽혀진 치마를 아주 망쳐 놓을 작정인가!"

"그럼 그렇지. 무얼 하나 했더니. 이제 어쩔 셈이야?"

구경하던 사람들이 탄식하는 소리가 들려왔다. 처녀는 금방이라도 치마를 다시 가져갈 듯 치마 끝을 꽉 움켜쥐었다. 그러나 사람들의 반응을 예상이라도 한 듯 사임당의 행동에는 흐트러짐이 없었다. 붓은 치마 위에서 부드러운 곡선을 그리며 움직였다. 사임당의 진지한 태도에 사람들도 이내 숨을 죽이고 그녀의 손끝을 눈으로 좇았다.

얼마 지나지 않아 여기저기에서 사람들의 감탄 어린 소리가 들려왔다.

"아니, 이럴 수가!"

"어쩜! 진짜 같아요."

처음에 먹이 둥근 원을 그리며 퍼져 갔던 주변에는 잎사귀가 생기고 넝쿨이 이어져 나오고 있었다. 그 아래로 둥근 원들이 옹기종기 모여 탐스런 포도가 열리고 또 새로운 잎이 피어났다.

'오호라, 이 아이가 얼룩을 가릴 그림을 그리려 하였구나.'

딸을 지켜보던 이씨 부인이 절로 고개를 끄덕였다. 과연 사임당이 생각할 만한 해결 방법이었다.

"세상에, 치마 위에 포도 그림이 그려졌어."

"덕분에 치마가 더 고와졌어요."

"원래 얼룩이 어디에 있었는지조차 모르겠는걸."

탄식을 내뱉던 사람들의 입에서 이제는 사임당의 솜씨와 재치에 탄복하는 말이 쏟아져 나왔다. 내내 불안하게 지켜보던 처녀의 얼굴도 환한 미소를 띠었다. 사임당은 천천히 붓을 내려놓고 치마를 처녀에게 내밀었다.

"먹이 마를 때까지 함부로 치마를 접어서는 안 돼요. 그리고 다 마르거든 치마를 장에 내다 파세요. 새 옷감을 살 돈을 마련할 수 있을 거예요."

치마를 받아 든 처녀는 감사함으로 울컥 목이 메었다.

"정말 고맙습니다. 덕분에 살았어요."

그러자 지금껏 굳게 닫혔던 사임당의 입가에도 웃음이 배었다.

"고생했다. 어미도 놀랐구나."

곁에 있던 이씨 부인이 사임당의 손을 꼭 잡았다. 딸의 손은 땀으로 흥건했다. 그제야 부인은 딸의 마음을 알 수 있었다. 겉으로는 의연했지만 속으로는 몹시 긴장했을 것이다. 평소에도 자신의 재주를 드러내 뽐내는 것을 원치 않던 아이였다. 그렇기에 사람들 앞에 나서서 그림을 그리는 것이 얼마나 떨리고 부담이 되었을까. 그러나 곤경에 빠진 이를 두고 볼 수만은 없었기에 용기를 내어 나섰을 것이다.

"잘하였다. 그런데 어찌 그런 생각을 하였느냐?"

"얼마 전에 망친 그림을 가지고 그 위에 다시 덧그려 본 적이 있어요. 그때 생각이 나서……."

"과연 그렇구나. 너의 재주와 재치를 남을 위해 쓰니 이보다 값진 일이 어디 있을까."

이 일이 있은 뒤로 사임당의 재주는 마을에 더욱 널리 알려지게 되었다.

"그때 그 포도 그림 보았는가?"

"그럼요, 보다마다요. 아주 군침이 돌더라니까요."

"그 치마를 가져간 아이도 장에 내다 팔아 원래 치맛감을 사고도 남을 만큼 값을 많이 쳐서 받았대요."

"그럴 만도 해요. 보통 그림이 아니었잖아요."

사임당의 재주를 직접 본 적이 없다며 믿지 않던 사람들은 이제 사임당의 그림에 감탄하여 그 재주를 칭찬하기 바빴다. 개중에는 혼기가 꽉 찬 사임당을 걱정하는 사람들도 있었다.

"그런 참한 규수를 누가 데려가려나……."

"그런데 시집가면 그림을 그리고 글을 쓰기나 할 수 있겠어요?"

"그러게 말이야. 그 재주를 아까워서 어찌 썩히나."

사람들의 이런저런 관심과 염려 속에서도 사임당은 글씨와 그림 연습에 정진하였다. 그저 묵묵히 자신이 갈 길을 걸어갈 뿐이었다.

6장
뜻을 꺾지 않고 나아가다

유난히 달이 휘영청 밝은 밤이었다. 마루에 걸터앉아 골똘히 생각에 잠긴 사임당에겐 작은 풀벌레 소리조차도 들리지 않았다. 외할머니가 세상을 떠나고 아버지도 죽을 고비를 넘기고 살아난 게 벌써 지난해의 일이었다. 북평에서의 지난날이 하나둘 머릿속을 스쳐 지나갔다.

'혼인을 하면 내 삶은 어떻게 달라질까?'

한곳을 가만히 응시하던 사임당의 눈가에 어느새 살짝 눈물이 어렸다. 물론 이제 열아홉이니 언제까지고 부모님 곁을 지키며 살 수는 없다는 것은 잘 안다. 부모님이 자신의 혼처를 알아보고 있다는 얘기를 처음 들었을 때에도 이처럼 걱정스럽지는 않았다. 그러나 자신의 혼례가 하루 앞으로 다가온 지금, 사임당은 두근거리는 가슴을 좀처럼 진정시킬 수 없었다. '사임당'이라는 호를 짓던 날을 떠올리며 애써 마음을 다잡아 보았다.

'내가 마음을 더 단단히 먹어야 해. 지아비 되실 분은 마음이 넓고 소탈하다 하였으니 나를 잘 이해해 주실 거야. 그림도, 글씨도 소홀히 하지 않으면서 현명한 아내로서 서방님을 잘 보필해야지.'

새로운 변화는 언제나 두렵고 긴장되었지만 굳은 결심은 사임당을 더 강하게 만들어 주었다.

사임당의 배필이 된 이원수는 한양에서 홀어머니를 모시고 사는 젊은 선비였다. 집안이 넉넉지는 않았지만 제법 뼈대 있는 덕수 이씨 집안의 자손이었다. 그리고 무엇보다도 예의를 갖출 줄 아는 데다가 마음이 너그러워 보이는 것이 사임당의 아버지 신 진사의 마음에 든 모양이었다. 혼례를 올리고 보니 과연 아버지의 말대로 심성이 착하고 예술을 귀하게 여기는 선비였던지라 사임당은 내심 다행스러웠다. 게다가 혼례를 올린 후에는 시댁이 있는 한양으로 올라가는 것이 풍습이었지만 얼마간 친정에 머무를 것을 제안하는 신 진사의 말에 남편은 그러겠노라 흔쾌히 답해 주었다.

남편의 배려 아래 북평에서의 결혼 생활은 꿈처럼 흘러갔다. 사임당은 딸로서, 그리고 아내로서 소임을 다하기 위해 노력하며 그림을 그리고 글을 쓰는 일도 게을리하지 않았다. 이원수 또한 사임당의 재주를 높이 사며 감탄과 격려를 아끼지 않았다.

"당신의 그림 솜씨가 참으로 뛰어나구려! 대단하오."

"아니에요, 서방님. 그저 연습 삼아 그려 본 것뿐인걸요."

무엇보다 사임당은 자신의 솜씨를 인정하고 위해 주는 남편에게 무척

고마운 마음이 들었다. 결혼을 해서도 집안 살림에 치이지 않고 작품을 만들 수 있으니 얼마나 행복한 일인가.

그러나 한 가지 사임당의 마음에 걸리는 것이 있었다. 그것은 바로 남편 이원수가 도통 학문에는 뜻이 없어 보인다는 점이었다. 책 읽기를 소홀히 하며 하루하루를 의미 없이 보내는 남편을 볼 때마다 사임당의 고민은 깊어져 갔다.

'무릇 사내라면 **청운의 뜻**을 품고 학문에 정진하여야 할 텐데……. 어떻게 말을 꺼내면 좋을까?'

고민을 거듭하던 어느 날, 사임당은 굳은 결심을 하고 남편에게 첫 운을 떼었다.

"서방님께 한 가지 청이 있습니다."

"청이라니, 무엇이오?"

사임당의 말투와 표정이 심상치 않음을 알아채고 이원수가 조심스레 물었다.

"저는 서방님께서 큰 뜻을 품고 학문에 열중하여 이 나라를 위해 보람 있는 일을 하시기를 늘 바라 왔습니다. 서방님의 생각은 어떠신지요?"

"허허, 나를 책망하는 것처럼 들리는구려."

청운의 뜻
성공하여 세상에 이름을 떨치기를 바라는 큰 희망. '푸른 구름'을 뜻하는 '청운'은 높은 지위나 벼슬을 비유적으로 이르는 말이다.

"그런 것이 아닙니다. 학문에는 **왕도**가 없으니 지금부터 마음을 다잡고 정진한다면 분명 큰일을 하실 수 있을 것입니다."

"부인의 말이 무슨 뜻인지 잘 알겠소."

이원수는 사임당의 말에 고개를 끄덕였다. 그 또한 선비로서 학문을 닦아야 하는 것을 모르는 바는 아니었다. 그러나 글공부에는 좀처럼 흥미가 붙지 않아 마음처럼 잘되지 않았던 것이다.

이러한 이원수의 생각을 알아채기라도 한 듯 사임당이 말을 이었다.

"이곳보다는 다양한 책과 사람들을 많이 접할 수 있는 한양이 더 공부하기에 좋을 것입니다. 10년을 기약하고 한양으로 올라가 학문에 정진하도록 하십시오. 그것이 제 청입니다."

"10년을? 한양으로 가서 말이오?"

이원수는 적잖이 놀랐다. 아내와 떨어져 10년을 기약하고 글공부를 하는 것은 결코 쉽지 않은 일이었다. 부드럽고 상냥하기만 한 줄 알았던 아내에게 이토록 단호한 구석이 있었던가 하는 생각도 들었다.

당황스러운 남편의 기색에도 사임당의 표정은 한결같았다.

"긴 시간이라는 것은 저도 압니다. 그러나 큰 뜻을 품어야 그만큼 큰일을 이룰 수 있지 않겠습니까."

"그렇긴 하오만……."

"저도 서방님과 떨어져 지내는 시간 동안 서방님을 생각하며 그 뜻을 이어 나가시길 기원하고 있겠습니다."

단단히 결심한 듯한 사임당의 태도에 이원수도 끝내 아내의 뜻을 받아

들일 수밖에 없었다.

"부인의 뜻이 옳으니 내 어찌 그 청을 듣지 않을 수 있겠소. 부인 말씀에 따르리다."

그리고 며칠이 지난 어느 새벽, 이원수는 강릉 처가를 떠나 먼 여행길에 올랐다. 사임당 또한 마음이 편치는 않았다. 막상 남편이 떠난다고 생각하니 가슴 한구석이 텅 비는 것 같았다. 아침상을 차리는 동안에도 먹먹함이 몰려와 목이 메었다.

'내가 나약한 모습을 보이면 서방님께서도 주저하실 거야. 마음을 단단히 먹자.'

사임당은 마음을 굳게 다지고 남편의 채비를 돕는 데 열중했다. 이원수도 사임당과 같은 생각인지 말없이 신을 신고 갓을 고쳐 쓸 뿐이었다. 마침내 부부는 얼굴을 마주하고 애틋한 인사를 나누었다.

"부디 마음을 굳건히 하시고 뜻하는 바를 이루십시오. 훗날 기쁘게 만날 수 있기를 기원하겠습니다."

"그럽시다. 부인도 잘 계시오."

멀어져 가는 남편의 모습을 보며 사임당은 남편이 배움의 즐거움을 깨치고 학문에 정진할 수 있기를 간절히 바라고 또 바랐다.

왕도
어떤 어려운 일을 하기 위한 쉬운 방법.

'비록 지금은 떨어져 있지만 큰 뜻을 이룬 후에 만난다면 그 행복이 배가 될 것입니다. 그날을 위해 저도 서방님께 부끄럽지 않게 글과 그림에 더욱 정진하겠습니다.'

사임당은 남편과 자신 모두 새로운 삶을 위한 시작의 길에 서 있다는 생각을 했다. 무슨 일이든 시작은 어려운 법이다. 그러나 그 어려움을 이기고 뜻한 바를 꾸준히 실천해 나간다면 목표를 이룰 수 있다고 믿었다. 자신의 믿음과 바람이 남편에게 닿기를 바라는 마음으로 사임당은 그 뒤로도 한참을 남편이 떠난 자리에 서 있었다.

그러나 사임당의 바람은 채 한나절을 가지 못했다. 그날 저녁 어둠이 내려앉아 고요했던 마당에 벌컥 대문 열리는 소리가 울렸다.

"부인! 나요. 내가 왔소!"

사임당의 눈에 들어온 것은 다름 아닌 남편 이원수였다.

"아니, 왜 다시 돌아오셨습니까? 무슨 일이라도 있으셨습니까?"

놀란 사임당의 얼굴을 마주하자 겸연쩍어진 이원수가 슬쩍 봇짐을 어깨에서 내리며 말끝을 흐렸다.

"성산까지는 당도했는데 아무래도 발걸음이 더디어져서……."

사임당의 낯빛이 놀람에서 실망으로 어두워졌다.

"그렇다고 10년을 기약하신 분이 하루 만에 되돌아오셨단 말입니까?"

"한양까지 가는 길이 참으로 멀고 험하였소. 가는 길이 이런데 10년이나 학문을 닦는 것은 더 어렵지 않겠소."

"그리 쉽게 무너지시면 어찌합니까. 오늘은 늦었으니 여기서 주무시고 내일 아침 다시 떠나십시오."

냉정한 사임당의 대답에 이원수는 더 이상 대꾸할 말이 없었다.

"알겠소. 내가 길이 익숙하지 않아 그런 모양이오. 내일 다시 떠나리다."

그러나 다음 날 다시 길을 떠난 이원수는 그날 저녁에도 다시 집으로 되돌아오고 말았다. 이번에는 성산보다 조금 더 걸어 대관령 문턱까지 갔지만 도저히 자신이 없어 고개를 넘지 못했다.

"도저히 발길이 떨어지지 않는구려. 이곳에서 부인과 함께 학문을 연구하는 것은 안 되겠소?"

"학문을 닦는 것에도 때가 있습니다. 어찌 이리도 나약한 말씀을 하십니까? 내일 날이 밝는 대로 떠나십시오."

사임당의 태도는 조금도 흔들림이 없었다. 이원수는 포기하고 싶은 마음이 들었지만 사임당의 강한 의지를 다시 한번 확인하자 길을 떠날 수밖에 없었다.

"내 이번에는 꼭 한양에 당도하여 기별하리다."

굳게 약속을 하고 이원수는 다시 길을 떠났다. 그러나 그 결심이 무색하게 대관령 고개만 넘으려고 하면 굳었던 의지도 쏙 들어가 버리고 말았다.

그날 밤, 또다시 돌아온 남편과 마주한 사임당은 착잡한 마음이 일었다.

'내가 서방님께 너무 큰 짐을 지워 드린 걸까?'

힘들어하는 남편을 보고 있자니 사임당 자신마저 마음이 약해지려 하였다. 그러나 이대로 남편을 둔다면 대장부로서 무엇을 이룰 수 있을 것인가. 사임당은 조용히 옆에 놓인 반짇고리를 열어 가위를 꺼냈다. 이원수의 눈이 놀라 휘둥그레 떠졌다.

"부인, 무엇을 하려는 것이오?"

사임당은 말없이 자신의 머리를 풀고 가위를 들어 머리카락에 갖다 대었다. 그 모습을 보고 질겁을 한 이원수가 사임당의 손을 다급히 붙잡았다.

"아니, 왜 이러시오?"

"서방님께서 큰 뜻을 품지 못하시고 이리 자꾸 돌아오시니 저는 누구를 희망으로 삼고 살아간단 말입니까. 모든 것이 무너졌으니 차라리 머리를 자르고 산에 들어가 중이 되는 것이 낫겠습니다."

사임당의 태도에 크게 놀란 이원수는 내일 당장 떠나겠노라 약속을 하였다.

"알겠으니 이러지 마시오. 부인의 뜻이 이리 강할 줄 몰랐소. 내일 다시 길을 떠나리다. 다시는 부인을 실망시키지 않겠소."

진심이 담긴 남편의 말에 사임당은 그제야 옅은 미소를 띠었다.

"제 뜻을 알아주시니 고맙습니다. 힘들게 결심하신 만큼 잘 해내실 것입니다."

그리고 다음 날, 이원수는 마음을 단단히 먹고 다시 한양을 향해 떠났다. 사임당의 강한 의지가 남편에게도 전해졌던 것인지 대관령 고개를 넘는 이원수의 얼굴에는 그 어느 때보다도 비장한 각오가 어렸다.

7장
그리움의 눈물로 넘은 고개

모녀는 툇마루에 나란히 앉아 시퍼런 하늘을 올려다보았다. 덧없는 세월을 탓하듯 구름은 무심히 흘러 사라졌다. 사임당은 어머니 이씨 부인의 손을 가만히 쥐었다. 나이를 속일 수 없는 어머니의 주름진 손에 마음이 괜스레 울적해졌다.

'이제 나마저 떠나고 나면 더 적적해지실 텐데……. 그 외로움을 어찌 견디실까.'

3년이 지났지만 한양에서 아버지가 돌아가셨다는 소식을 듣던 그날을 잊을 수 없었다. 언제나 큰 산 같았던 아버지의 죽음을 맞닥뜨린 순간 사임당은 모든 것이 무너지는 듯한 아득함을 느꼈다. 그 옛날 어머니께서 손가락을 잘라 가면서까지 살리려고 노력했던 아버지가 아니었는가. 혼인하고 얼마 지나지 않아 아버지의 상까지 치러 내야 했던 사임당은 마음의 허전함을 견딜 수 없었다.

그리고 이제 그 슬픔을 조금씩 이겨 나갈 때가 되자 홀로 남은 어머니 걱정에 다시 마음이 무거워지는 사임당이었다. 사임당의 마음을 알기라도 한 듯 이씨 부인은 사임당의 손 위에 자신의 손을 가만히 포개었다.

"너도 이제 한양으로 올라가 이씨 집안의 살림을 해야지. 홀몸도 아닌데 여기보다는 한양에 가서 몸을 푸는 것이 낫지 않겠느냐. 나는 괜찮으니 걱정 말고."

사임당은 친정에 남아 어머니를 살펴 드리고 싶은 마음이 컸지만 그렇다고 한양에 올라가는 일을 계속 미룰 수도 없었다.

남아 있는 동생들에게 어머니를 잘 모시라고 몇 번이고 당부를 한 후에야 사임당은 한양으로 떠나는 길에 올랐다.

'어머니를 두고 먼 길을 가는 불효를 용서하세요. 또 뵐 수 있을 때까지 부디 건강하셔야 해요.'

시어머니 홍씨 부인은 사임당의 처지를 이해하고 잘 헤아려 주었다. 학문이 깊고 재주가 귀한 며느리라기에 살림에는 소홀하지 않을까 내심 걱정했지만 사임당을 실제로 보고 나니 괜한 걱정이었음을 느꼈다. 사임당 또한 그 마음에 감사하며 묵묵히 소임을 다해 집안 살림을 꾸려 나갔다. 넉넉지 않은 한양의 살림이었지만 본디 화려함을 멀리하고 검소함을 실천했던지라 큰 불평 없이 새로운 생활에 익숙해져 가고 있었다.

그사이 첫째 아들 선이 태어났다. 아이의 표정 하나, 손짓 하나는 적적하던 집안에 큰 즐거움을 주었다. 어머니가 된 사임당은 자신을 바라보는 갓난아이의 눈망울을 바라볼 때마다 부모님 생각에 마음이 애틋해져 왔다.

'우리 부모님께서도 나를 이렇게 키우셨을까?'

부모님을 생각할 때마다 마음속으로는 수십 번도 더 대관령 고개를 넘어 북평 마을로 달려가 어머니 품에 안기곤 했다.

사임당은 남편과 함께 경기도 파주 율곡리로 터를 옮겨 지내게 되었다.

"당신의 고향 북평과 많이 닮지 않았소? 임진강을 끼어 풍광 또한 수려하니 그림을 그리기에도 좋을 것이오."

남편의 말처럼 율곡리는 파란 하늘과 강줄기가 북평과 많이 닮아 있었다. 사임당은 한동안 그리지 못했던 그림을 그리고 글을 읽으며 소소한 행복을 느끼곤 했다.

그러나 조금씩 커 가는 아들의 재롱을 보면서도, 그림을 그리려 먹을 갈고 붓을 잡다가도 갑자기 마음 한구석이 허전해져 오는 것을 참을 수가 없었다.

'왜 자꾸 이런 마음이 드는 걸까?'

늦은 밤 마당을 거닐던 사임당의 눈가에 조금씩 눈물이 맺혔다. 그리움. 어머니에 대한 그리움이었다. 언제 또다시 그 손을 잡고 얼굴을 마주볼 수 있을까. 시간이 지날수록 그 마음은 더욱 짙어졌다.

결국 사임당은 남편에게 넌지시 말을 꺼냈다.

"고향에 계신 어머니 말이에요. 아들도 없이 딸들과 홀로 계시니 걱정이 되어 견딜 수가 없어요."

"그래서 당신이 요즘 그렇게 힘이 없었구려."

"고향에 어머니의 **열녀각**이 세워진답니다. 잠시라도 어머니를 다시 뵙고 싶어요."

"정 그렇다면 당신이 북평으로 가 어머니 곁에서 보살펴 드리는 것이 어떻소? 내가 한양과 북평을 오가며 살피면 되겠구려."

남편의 말에 사임당은 깊은 고마움을 느꼈다.

남편과 시어머니의 배려 속에 다시 찾은 북평 마을은 더욱 정다웠다. 푸르른 동해 바다도, 동네 길가의 피어난 작은 풀 하나도 반갑게 다가왔다. 마당의 매화나무와 뒤뜰의 검은 대나무도 그 자리에 그대로였다.

"어머니, 그간 건강하셨지요?"

"그래, 이렇게 다시 보니 참으로 반갑고 고맙구나. 우리 손주도 얼굴 좀 보자꾸나."

"이제 제가 집안 살림을 하며 동생들도 좋은 곳에 시집보낼 테니 어머니께선 편히 계세요."

"내 다시는 너를 만나지 못할 줄 알았는데……."

다시 만난 모녀는 더 말을 잇지 못했다. 맞잡은 두 손을 세게 부여잡을 뿐이었다.

> **열녀각**
> 절개가 굳은 여인을 기리기 위해 세운 누각.

이제 사임당은 집안의 기둥이 되어 많은 일을 도맡아 했다. 집안 살림에 보태기 위해 옷감을 짓고 수를 놓아 팔기도 하고 동생들의 혼처를 알아보는 것도 서둘렀다. 어머니의 건강을 챙기는 것도 게을리하지 않았다.

집안은 조금씩 활기를 더해 갔다. 그사이 식구가 늘어난 탓도 있었다. 어느덧 다섯 남매로 불어난 아이들로 집안은 웃음소리가 끊이지 않았다. 이씨 부인은 손주들을 데리고 산책을 하거나 마당에 핀 꽃들의 이름을 일러주며 보람을 찾았고 그 모습을 바라보는 사임당의 마음도 흐뭇하기만 했다.

그러나 세월은 바람처럼 흘렀고, 셋째 아들 현룡이가 6살이 되던 해, 사임당은 이제 더 이상 북평에만 머무를 수가 없게 되었다. 가끔 찾아오는 남편으로부터 한양의 시어머니도 나이가 많아 더 이상 살림을 돌보기 어려워졌다는 말을 들었기 때문이었다. 시어머니에게도 이제껏 못 다한 효도를 하는 것이 도리였다.

사임당은 마음을 다잡으며 조용히 짐을 꾸렸다. 이제는 환갑을 넘겨 머리에 하얗게 서리가 내려앉은 이씨 부인도 딸을 보내야 할 때가 왔다는 것을 담담하게 받아들였다.

"어머니, 멀리까지 나오지 마세요. 제가 없어도 늘 건강 챙기시고요."

"걱정 말래도. 날이 밝을 때 어서 떠나거라."

사임당은 좀처럼 발걸음이 떨어지지 않았다. 대관령을 넘어 400리 길. 앞으로 가야 할 길도 길이었지만 홀로 남을 어머니를 생각하면 걱정과 염려가 앞섰다.

'이제 다시 살아서 만날 수 있을는지…….'

이번에 한양에 올라가면 다시 북평에 내려와 어머니를 만날 수 없을 것이라는 생각이 들자 사임당은 애끓는 슬픔에 고개를 떨구었다. 지난날을 떠올려 보면 글을 읽고 그림을 마음껏 그릴 수 있었던 것도 어머니가 늘 격려하며 지켜봐 주었기에 가능한 일이었다. 눈물을 애써 삼키며 돌아서는 사임당의 곁에서 아이들도 외할머니를 향해 연신 손을 흔들었다.

어린아이들을 데리고 높은 고개를 넘는 길은 생각보다 더 고되고 힘에 부치는 일이었다. 쉬어 갈 때마다 사임당은 뒤를 돌아보며 조금씩 멀어지는 고향 마을을 두 눈에 담고 마음에 새기려 애썼다.

늙으신 어머니를 고향에 두고
한양으로 향하는 외로운 마음
돌아보니 북평은 아득하고
흰 구름만 저문 산에 날아 내리네

애타게 읊조리는 시의 구절마다 어머니를 향한 뜨거운 눈물이 어렸다.

한양의 호젓한 달밤 아래 어디선가 들려오는 거문고 소리에 사임당은 저도 모르게 자리에서 일어났다. 마루로 나오니 쌀쌀한 바람이 뺨을 스치고 온몸을 감싸 왔다.

한양에 온 지 꽤 시간이 지났지만 어머니를 향한 그리움은 요즘 들어 더욱 깊어지기만 했다. 어머니가 좋아하던 꽃을 보거나 음식을 할 때마다 더욱 슬픔을 견디기 어려웠다. 오늘 밤도 좀처럼 잠이 들 수 없었다.

'누가 이리 구슬프게 연주를 한단 말인고.'

둥기둥 당당 둥기둥당.

거문고 줄을 튕겨 내는 굵직하고 구슬픈 소리는 마음속 깊은 그리움을 건드려 누르는 듯했다. 사임당은 어느덧 쌀쌀한 바람도 잊고 눈을 감고 앉아 고향 생각에 잠겼다.

푸른 바다를 끼고 강릉에 높이 뜬 달.

어머니와 함께 그림을 이야기하고 바느질하던 그리운 집.

사임당의 볼을 타고 떨어지는 눈물 따라 입가엔 쓸쓸한 미소가 번졌다.

어머님 그리워

산 첩첩 내 고향은 천리이건만

자나 깨나 꿈속에도 돌아가고파

한송정 가에 외로이 뜬 달

경포대 앞 스치는 한 줄기 바람

갈매기는 모래톱에 흩어졌다 모이고

고깃배는 바다 위를 동서로 오고 가니

언제나 고향 길 다시 밟아 가

색동옷 입고 앉아 바느질할까

8장
옳은 길이 아니면 가지 마라

이원수는 오늘도 갓끈을 고쳐 매고 호기롭게 집을 나섰다.

"어험!"

큰기침을 하며 대문을 열어젖히는 소리에 사임당이 방문을 열고 마당으로 내려섰다.

"이른 시간부터 어딜 가십니까?"

그러나 사임당의 소리를 듣지 못한 듯 이원수는 이내 저 멀리 걸음을 옮기고 있었다. 멀어져 가는 남편의 뒷모습을 바라보며 사임당은 왜인지 모를 불안한 마음이 들었다.

'어디를 저리 급히 가시는지……. 혹시 또 그 댁에 가시려는 것인가.'

어두운 낯빛의 사임당과는 달리, 발걸음을 재촉하는 이원수의 표정은

밝기만 했다. 휘적휘적 도포 자락을 휘날리며 걷던 이원수의 발길이 닿은 곳은 어느 높은 기와집이었다. 위엄 있게 솟은 대문은 집주인의 세도를 나타내듯 하늘을 찌를 만큼 높았다.

문 앞에서는 선비들이 무리 지어 이야기를 나누느라 여념이 없었다.

"요즘 조정에 피바람이 불고 있다지?"

"대비께서 **수렴청정**을 하시니 이제 그 세력을 입은 자들이 실세가 된 게지. 그전까지만 해도 위세를 떨치던 **윤임** 대감이 이제는 대역 죄인이 되지 않았는가."

"그들 사이에 관여했던 죄 없는 선비들까지 다 잡혀갔다는구먼. 궁궐 안의 권력 다툼이 괜한 선비들을 잡고 있으니 참으로 안타까운 일이네."

"어허, 여보게! 말조심해야지, 혀를 잘못 놀렸다가는 자네도 화를 입을 수 있어."

"하긴. 지금은 이기 대감의 세상이 아닌가."

이원수가 선비들의 곁을 지나가자 그들은 몸을 사리려는 듯 물러섰다. 이원수는 개의치 않으며 그들을 지나 대문 앞에 섰다.

수렴청정
나이 어린 왕이 즉위했을 때 왕대비(왕의 어머니)나 대왕대비(왕의 할머니)가 대신 정치를 함.

윤임
조선 중기의 문신. 조선 13대 왕 명종의 어머니 문정 왕후가 수렴청정을 할 때 문정 왕후의 동생인 윤원형과 세력 다툼을 벌이다 을사사화로 죽임을 당했다.

"당숙 어른께 조카가 왔다고 전하게."

이원수는 대문이 열리자 문가의 하인에게 이르고는 익숙한 듯 마당 안으로 성큼 들어섰다.

"아얏!"

그 시각 수를 놓고 있던 사임당은 그만 바늘에 찔려 약지 손가락에 피를 내고 말았다. 곱게 놓아진 수 위로 붉은 피가 스며들어 번져 나갔다. 아침에 외출하던 남편의 모습이 자꾸만 떠올라 도통 집중을 할 수가 없었다.

'분명 시당숙 어른이신 이기 대감 댁에 가셨을 것인데……'

아무래도 요 근래 남편이 우의정 이기의 집에 자주 드나드는 것이 마음에 걸렸다. 이기는 당대에 세력을 떨치고 있는 권력가였지만 뒷소문도 무성한 인물이었다. 벼슬이나 한자리 얻어 볼 요량으로 그의 눈에 들기 위해 모여드는 사람들이 많다는 말을 들었기에 사임당은 남편이 바깥에서 무슨 일을 하고 있는지 몹시 염려가 되었다.

'그 댁에는 발걸음을 하지 않는 게 좋겠거늘, 어찌 말을 꺼내야 좋을꼬.'

사임당은 수 놓기를 멈추고 한참을 생각에 잠겼다.

그날 저녁, 귀가하는 남편을 맞으며 사임당은 넌지시 이야기를 꺼냈다.

"당숙 어른 댁에 다녀오십니까?"

당숙
아버지의 사촌 형제.

이원수는 어떻게 알았느냐는 표정을 하며 너털웃음을 지었다.

"어찌 부인은 내 행적을 그리 잘 알고 계시오. 나를 어디선가 보고 있는 것 같구려."

"요즘에 그 댁에 부쩍 자주 드나드시질 않습니까."

"조카가 당숙 어른을 뵙는 것이 이상한 일은 아니지 않소."

"물론 그렇습니다. 그러나 그분의 권세를 보고 그 댁을 찾는 사람이 많다고 들어, 괜히 서방님도 사람들의 입방아에 오르내릴까 걱정이 됩니다."

"허허, 남들은 한 번이라도 더 이기 대감의 눈에 들려고 애를 쓰는데 나는 그분의 친척이니 어찌 보면 천운 아니오."

내심 우의정 이기의 밑으로 들어갔으면 했던 이원수로서는 사임당의 반응이 잘 이해가 되지 않았다. 의아하다는 투로 이원수가 대답하자 사임당은 남편에게 가까이 다가가 앉으며 낮은 목소리로 말했다.

"그렇지 않습니다. 이기 대감께서 지금은 비록 높은 벼슬에 계시지만 그 자리에 오르기까지 의롭지 못한 방법으로 권세를 얻었다 들었습니다. 본인의 뜻을 거스르는 자들은 아무리 강직한 선비일지라도 거침없이 **숙청**한다고 하니 어찌 그 권세가 정당하다고 하겠습니까."

"그렇긴 하나 우의정과 병조 판서를 겸하시며 누구도 넘볼 수 없는 막강한 힘을 가지고 계시오. 누가 아오? 나에게 벼슬자리라도 하나 맡기실지."

이원수의 말에 사임당은 간곡하게 다시 부탁했다.

"옳지 못한 방법으로 취한 힘은 오래가지 못합니다. 훗날 서방님과 우리 가족에게 화가 될까 걱정이 됩니다. 그 댁에 자주 들지 마시어요."

이튿날, 이원수는 집을 나서려다 말고 사임당의 말을 곰곰이 곱씹어 보았다. 어제저녁에는 별걱정을 다한다며 부인을 나무랐지만 사실은 그 말이 틀린 것도 아니었다. 이기는 임금의 신임을 얻어 높은 자리에 올랐지만 늘 자신을 반대하는 자들을 몰아내기 위한 음모를 꾸미고 실행하는 자였다. 조정에서는 이기의 행동을 탓하는 상소가 끊이지 않는다는 이야기도 있었다. 이기의 반대편에 있는 자들 또한 호시탐탐 반격의 기회를 노리고 있는 어지러운 시국이었다.

'눈앞의 권력에만 눈이 멀어 옳고 그름을 제대로 따지지 못하였구나!'

골똘히 생각에 잠겨 있는 이원수의 곁으로 걱정스런 얼굴의 사임당이 다가왔다.

"또 이기 대감 댁에 가려 하시는지요?"

이원수가 대답이 없자 사임당은 남편의 도포 자락을 붙잡았다. 사임당의 조언을 되새기고 있던 이원수는 이윽고 웃으며 부인의 손을 잡았다.

"내 부인의 말을 깊이 생각해 보았소. 그 말이 틀리지 않더이다. 누군가의 힘을 빌려 권세를 얻은들 떳떳한 일이 될 수 없으니 말이오."

이원수의 말에 사임당은 비로소 안도의 숨을 내쉬었다.

"잘 생각하셨습니다. 과연 바른 길을 가고자 하는 선비이십니다."

숙청
정치적으로 입장을 달리하는 사람을 추방하거나 없애는 일.

이후로도 이기는 영의정의 자리까지 올라 더욱더 막강한 권세를 누렸으나, 이원수는 그날 이후 더 이상 이기의 집에 발걸음을 하지 않았다. 못내 아쉬운 마음도 들었지만 부인의 말대로 하는 것이 옳다는 생각이 들었기에 후회스럽지는 않았다.

세월이 흐른 후, 새로운 임금이 즉위하자 많은 관료들은 과거의 잘못된 일을 바로잡고자 임금에게 상소를 올렸다.

"죽은 이기 대감의 공적을 모두 없앤다지?"

"그뿐이오? 묘비도 없애 버린다지 않소."

"쯧쯧, 기세등등하던 집안도 하루아침에 무너지는구려."

"다 **자업자득** 아니겠소. 을사년의 사화를 주도했던 벌을 받는 게지."

"그를 따랐던 사람들이 좀 많은가. 모두 큰 화를 입겠구먼."

이기의 행동을 못마땅해했던 사람들은 그의 몰락을 두고 **사필귀정**이라며 입을 모았다. 사임당의 말대로 이기는 사화를 일으킨 장본인으로 세상의 비난을 받게 되었고, 그를 따르던 무리들도 무사하지 못하게 되었다. 불의와 손잡지 않았던 사임당의 강직한 마음이 남편을 살린 것이다.

자업자득(自業自得)
스스로 자, 일 업, 스스로 자, 얻을 득. 자기가 저지른 일의 결과를 자기가 받음.

사필귀정(事必歸正)
일 사, 반드시 필, 돌아갈 귀, 바를 정. 모든 일은 반드시 바른 길로 돌아감.

조선의 사화

'사화'란 조선의 선비 세력(사림파)이 반대파(훈구파)에 의해 화를 입었던 사건을 말한다. 조선 9대 왕 성종 이후로 점차 성장한 사림은 훈구파의 부패와 비리를 비판하였고 훈구파는 성종이 죽은 뒤 사화를 통해 많은 선비들을 숙청하였다. 사림은 4번의 사화를 통해 큰 피해를 입었지만 지방의 서원을 중심으로 세력을 키워 결국에는 조선 정치의 중심을 차지하였다. 4번의 사화는 다음과 같다.

무오사화 (1498년)

《성종실록》을 편찬하는 과정에서 성종 때 활약한 사림 김종직이 쓴 '조의제문'의 내용을 훈구파들이 문제 삼아 상소를 올렸다. 연산군이 왕이 된 것을 비난하고 있다는 이유였다. 이에 연산군은 관련된 사림들을 제거하였다.

갑자사화 (1504년)

연산군은 친어머니였던 폐비 윤씨가 사약을 받고 죽은 사건의 내막을 듣게 되고, 어머니의 죽음에 관여한 사람들을 찾아 모조리 제거하였다. 이번에는 사림파뿐 아니라 사건에 관련된 훈구파, 왕족들까지 수많은 사람들이 죽임을 당했다.

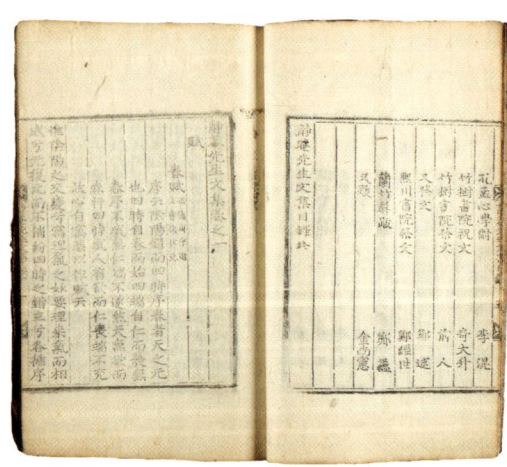

《정암 선생 문집》
중종의 지원을 받아 개혁 정책을 펼쳤으나 기묘사화 때 훈구파의 모함을 받아 죽임을 당한 조광조의 글을 모은 책.

기묘사화 (1519년)

조광조를 비롯한 사림 세력은 연산군을 몰아내고 왕위에 오른 중종의 지원을 받아 사회의 여러 가지 문제를 바로잡고자 파격적인 정책을 제시하였다. 그러나 이에 반발한 훈구 세력은 결국 사림 세력을 역적으로 몰아 숙청하였다.

을사사화 (1545년)

조선 12대 왕 인종이 죽고 명종이 즉위하자, 명종의 외숙부 윤원형이 인종의 외숙부 윤임을 역적으로 몰아 죽게 하고, 윤임 일파를 귀양 보낸 사건을 말한다.

사림파
본래 향촌에서 학문을 연구하던 선비들로, 막강한 힘으로 횡포를 부리는 훈구파의 세력을 누르기 위해 성종이 정치에 등용한 정치 세력.

훈구파
'나라에 공을 세운 옛 세력'이라는 뜻으로, 세조가 단종을 몰아내고 왕위에 오르는 것을 돕고 함께 나라를 이끌어 갔던 사람들을 말한다. 세조에게 공을 인정받아 그 자손들까지 엄청난 권력과 부를 누렸다.

서원
조선 시대에 선비들이 모여 학문을 공부하고 위대한 학자들의 제사를 지내던 곳.

조의제문
중국 진나라 항우가 초나라 의제를 쫓아내고 왕이 된 일을 비판하는 글. 이는 세조가 단종을 몰아내고 왕이 된 것을 은근히 비난한 것으로, 결국 세조를 이은 성종과 연산군까지 비판한 것으로 간주됐다.

폐비 윤씨
성종의 후궁이자 연산군의 어머니. 중전의 자리에 올랐으나 성종과의 관계가 틀어지며 행실이 바르지 못하다는 이유로 궁궐에서 쫓겨나 사약을 받고 죽었다.

역적
자기 나라나 통치자를 반역한 사람.

9장
자식을 비추는 거울이 되다

"어머니, 늦은 시간까지 무얼 하고 계세요?"

어스름한 저녁, 호롱불의 빛이 넘실대는 문가에 작은 아이의 그림자가 어른거렸다.

"현룡이로구나. 어제 읽다 만 책을 마저 읽던 중이다. 어쩐 일이냐?"

셋째 아들 현룡의 또렷한 눈망울은 사임당의 어린 시절을 빼다 박은 듯 총명하게 반짝였다.

"제 방으로 가려는데 어머니께서 무얼 하시나 궁금해서요."

"늦었는데 잠자리에 들지 않고."

"저도 책을 더 읽다가 자야겠어요. 내일 저녁에 함께 이야기하려면 마저 읽고 자야 해요."

현룡은 가족들과 함께 읽은 책에 대해 이야기 나누는 시간을 무척이나 기다리고 있는 모양이었다. 사임당은 현룡의 대답에 자신도 모르게 웃음이 나왔다. 자신도 내일 아이들에게 읽어 줄 시구를 골라내기 위해 책을 읽고 있던 터였기 때문이다.

"어미와 생각이 같구나. 함께 읽겠느냐?"

어린 아들은 호기심 어린 눈빛으로 어머니 옆에 앉았다. 사임당은 적당한 책을 골라 펼쳐 들었다.

"이것은 《논어》의 첫머리에 있는 말로, 네게 해 주고 싶은 말이란다."

사임당은 어린 현룡에게는 어려울 줄 알면서도 《논어》의 한 구절을 풀이해 줄 셈이었다.

"학이시습지불역열호."

그러나 사임당의 말이 끝나기도 전에 현룡은 서슴없이 글을 읽어 나갔다. 놀란 사임당의 눈이 휘둥그레졌다.

"허, 우리 현룡이가 《논어》의 구절을 벌써 가슴에 담았느냐?"

"바로 그 말씀처럼 공부하고 있어요, 어머니."

《논어》
공자와 그의 제자들의 언행을 적은 책으로, 대표적인 유교 경전이다.

학이시습지불역열호(學而時習之不亦說乎)
배울 학, 말 이을 이, 때 시, 익힐 습, 대명사 지, 아닐 불, 또 역, 기뻐할 열, 어조사 호. '배우고 때로 익히면 기쁘지 아니한가'라는 뜻.

사임당은 기특한 아들의 머리를 쓰다듬어 주었다. 사임당 또한 스스로 공자의 말씀을 몸소 실천하며 평소에도 책을 놓지 않고 배움을 게을리하지 않았다. 스스로 찾아 배우는 기쁨을 느끼는 것이야말로 진정한 공부임을 알고 있었기 때문이다. 오래도록 함께 책을 읽어 내려가는 모자의 얼굴에는 달빛만큼이나 환한 미소가 차올랐다.

"누나는 이번에 어떤 책을 읽었어?"
"오늘 내가 이야기할 건 책 내용이 아니고 그림이야. 이따가 들어 봐."

현룡과 매창은 형제들과 함께 모여 어머니가 계신 방으로 향하는 중이었다. 맏딸 매창은 그림과 시를 무척이나 좋아했고 재주도 뛰어났다. 현룡도 매창을 잘 따라 남매 사이는 늘 돈독했다.

재잘재잘 이야기꽃을 피우는 형제들 사이에 좀 전부터 유독 낯빛이 어두운 소년이 있었다. 맏아들 선이었다. 형의 표정에서 심상찮은 낌새를 챘는지 둘째 번이 먼저 말을 걸었다.

　"무슨 일이 있는 거야?"
　"아냐, 아무것도."
　"그게 아닌데? 얼굴이 좋지 않아 보여."
　머뭇거리던 선이 동생의 성화에 못 이겨 입을 떼었다.

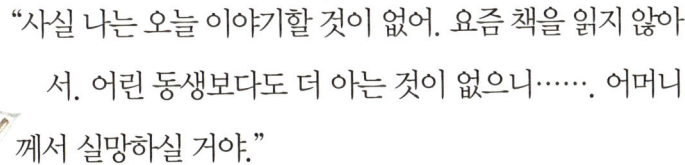

　"사실 나는 오늘 이야기할 것이 없어. 요즘 책을 읽지 않아서. 어린 동생보다도 더 아는 것이 없으니……. 어머니께서 실망하실 거야."

　번은 형의 마음을 이해할 수 있었다. 동생 현룡은 어린 나이에도 어려운 경전을 외고 그 뜻을 깨우치는 신동이었다. 새삼 동생에게 질투가 나기도 하는 것은 번도 마찬가지였다. 사임당 앞에 모인 아이들은 저마다 자신이 읽은 책의 내용을 이야기하느라 바빴다. 모르는 부분이나 잘 이해되지 않는 부분을 서로 물어보고 답하기도 했다. 그러나 선은 행여 어머니께서 꾸중을 하시지는 않을까 안절부절못하며 마음을 졸이고 있었다.

　사임당 또한 아까부터 어두운 표정으로 앉아 있는 선이 마음에 걸렸다.

'선이가 학문이 늘지 않아 고민이 많은 게로구나.'

사임당은 조용히 자식들을 향해 물었다.

"어미의 호가 무슨 뜻을 담고 있는지 아느냐?"

"태임을 본받는다는 의미예요."

매창이 가장 먼저 대답했다.

"그래, 학문을 익히는 것은 군자가 되기 위한 것이지 높은 벼슬을 하거나 지식을 뽐내려고 하는 것이 아니다. 어미도 그러한 의지를 가지고 어릴 적 호를 지었다. 지금의 자신에 실망하거나 남과 비교하지 말고, 의지를 가지고 학문에 정진하며 덕을 기르는 것이 가장 중요한 일이다."

고개 숙여 사임당의 말을 듣던 선의 눈이 어느새 사임당의 눈과 마주쳤다. 눈에는 금방이라도 떨어질 듯 눈물이 고여 울렁였다. 엷은 미소를 띤 사임당은 말을 이었다.

"하물며 비교하는 대상이 형제여서는 안 되는 법. 어미가 좋아하는 시가 있으니 잘 들어 보거라. '빛이 가득한 산에 앵두꽃이 환히 피었네. 세상 사람 가운데 형제만 한 이가 또 있겠는가. 죽을 지경에 이르러도 형제는 서로 간절히 생각하네.'"

《**시경**》의 구절을 읊는 어머니의 목소리에 형제들은 모두 같은 생각에 잠긴 듯 말이 없었다. 그 어떤 말보다도 마음에 큰 위로와 가르침이 되었다.

형제들이 모두 방으로 돌아가려 일어서자 사임당은 가만히 매창을 불러 세웠다.

"매창아, 잠깐 이리 와 보거라."

매창에게는 오늘 꼭 주고 싶은 물건이 있었다. 사임당은 붉은빛 보에 쌓인 물건을 딸의 고사리 손에 조심스레 건넸다. 받아 드는 매창의 손에 묵직함이 전해져 왔다.

"내 이것을 너에게 주마. 어미가 어릴 적 쓰던 것이니 낡았지만 의미가 있을 것이다."

정성스럽게 쌓인 보를 풀어내니 작은 벼루와 먹, 붓과 종이가 드러났다. 한참을 바라보던 매창이 설레는 표정으로 붓을 잡아 꼿꼿이 세워 들었다.

"왠지 이 붓을 잡으니 빨리 새로운 그림을 그리고 싶어져요. 감사합니다, 어머니."

매창은 들뜬 목소리로 말했다. 그러나 사임당은 어려운 형편 때문에 그림을 좋아하는 딸에게 더 좋은 도구를 사 주지 못한 것이 마음에 걸렸다.

"새것을 사 주지 못해 미안하구나."

"아니에요. 저는 새것보다 이것이 더 좋아요. 어머니께서도 종이를 아끼려 한 종이에 여러 번 글을 쓰시잖아요. 저도 다 보았어요."

낡은 옷도 기워 입고 끼니때마다 조금씩 쌀을 덜어 내 모으던 사임당이었다. 매창은 그런 어머니를 보며 자신도 본받겠다고 다짐을 하곤 했다.

"그래, 고맙구나. 도구보다는 붓을 잡는 마음이 더욱 중요한 법이지."

《시경》
중국에서 가장 오래된 시집으로, 공자가 펴냈다고 전해진다.

"아까 제가 그린 매화 그림 보셨지요? 매화는 추위를 두려워하지 않고 고운 꽃을 피워 내는 꽃이라 정말 마음에 들어요. 어려운 환경 때문에 더 아름다워 보이는 것 같거든요."

"과연 우리 매창이답구나. 그림에서도 그 마음이 느껴지는 듯하였단다. 지난번보다도 선이 더욱 힘차졌더구나."

사임당은 어린 딸이 재주를 마음껏 펼 수 있도록 격려를 아끼지 않았다. 자신을 키웠던 북평의 어머니 마음도 이러했을까. 사임당은 오늘따라 부모님이 더욱 그리웠다.

매창의 말처럼 사임당 가족은 그리 넉넉한 형편이 아니었다. 남편 이원수는 10년 공부의 결심이 무색하게 도통 공부에 정을 붙이지 못하여 변변한 벼슬을 하지 못했고, 일곱 남매를 키우다 보니 살림은 더욱 빠듯했다.

엎친 데 덮친 격으로 갑작스레 이원수가 병으로 자리에 눕는 일이 벌어지자 사임당 가족은 모두가 큰 슬픔에 빠지게 되었다.

"아버지, 일어나 보세요. 아버지가 좋아하시는 음식을 가져왔어요."

"아버지, 제 말 들리세요?"

일곱 남매와 사임당은 이원수를 극진히 간호했지만 상태는 더욱 나빠지기만 했다. 급기야는 정신을 잃고 사경을 헤매었다.

이때 아들 현룡은 자신의 팔뚝을 송곳으로 찔러 피를 내어 아버지 이원수의 입에 흘려 넣었다. 그러고는 조상들의 신주를 모신 사당에 들어가 아버지가 다시 일어날 수 있도록 간절히 빌었다.

천으로 동여맨 현룡의 팔을 본 사임당이 놀라 물었다.

"네가 팔을 베어 피를 내었느냐?"

옛말에 죽어 가는 사람에게 더운 피를 흘려 넣으면 기운을 차린다는 말이 있었다.

"네가 어찌 이런 생각을 하였느냐?"

"어머니께서도 부모님을 위해 효를 다하시는데 저도 아버지를 살리기 위해 제가 할 수 있는 일을 한 것뿐이에요."

그 말대로 어려운 환경 속에서도 사임당은 자신보다는 늘 부모님을 걱정하였고 시어머니에게도 예를 다하여 극진히 대하였다. 좋은 음식이 있으면 시어머니께 먼저 보내 드렸고 아무리 작은 일이라도 함께 상의하였다. 이런 사임당을 곁에서 보고 자란 일곱 남매가 깊은 효심을 키워 갔던 것은 어찌 보면 당연한 일이었다. 자식들의 지극한 정성 때문인지 이원수는 곧 기운을 차리고 일어났다.

'먼저 내 부모를 섬기지 않고 다른 일을 이룬들 무슨 소용이 있겠느냐.'라는 《효경》의 구절보다도, 사임당의 말과 행동이 더욱 큰 가르침이 되었던 것이다.

《효경》
공자가 제자인 증자에게 효도에 대하여 가르친 내용을 기록한 책.

사임당의 자녀들

슬하에 4남 3녀를 둔 사임당은 언제나 스스로 자녀들의 모범이 되었으며 교육에 정성을 다하였다. 그 덕분에 사임당의 자녀들도 후세에 이름을 떨치는 훌륭한 인물들로 성장할 수 있었다.

첫째 딸 이매창

맏딸 매창은 어렸을 때부터 그림에 재능을 보였고 학문 또한 빨리 깨우쳤다. 사임당은 매창의 재주를 귀하게 여겨 그림을 그릴 때 가져야 하는 마음가짐과 바른 태도를 일러 주었고, 이런 어머니의 가르침을 받으며 자란 매창은 훌륭한 화가이자 시인이 되었다.

〈매화도〉, 이매창

셋째 아들 이이

조선의 대학자 율곡 이이는 사임당의 셋째 아들로 태어났다. 강릉 오죽헌에서 자란 이이는 자연스럽게 사임당이 글을 읽고 그림 그리는 모습을 보며 자랐으며, 그 영향을 받아 어린 나이에 글을 익히고 시를 짓는 총명함을 보였다. 이이는 9번이나

〈성학집요〉
이이의 저서. 군주가 익혀야 할 학문과 도덕에 대한 지식의 주요 내용을 유교 경전에서 뽑아 엮은 책이다.

과거에 급제하며 이름을 날렸고 학자이자 정치가로서 여러 가지 정책을 제시하였다. 조선 사회의 여러 문제들을 바로잡기 위해 노력하였으며, 학문에도 전념하여 평생 공부를 게을리하지 않았다.

넷째 아들 이우

조선의 서화가로 이름을 떨친 옥산 이우는 사임당의 예술적 재능을 가장 많이 물려받은 아들이었다. 거문고, 글씨, 시, 그림의 4가지에 모두 뛰어나 '사절(四絕)'이라고 불렸다. 그의 맑고 웅장한 거문고 소리는 사람들의 마음을 편안하게 해 주었으며, 정교하고 정확하면서도 힘차고 개성 있는 글씨는 많은 사람들에게 감동을 주었다. 이우의 시를 엮은 《옥산시고》의 서문에서 조선 후기 대표 학자 송시열은 '부스러기 금이요, 조각조각 보옥'이라며 감탄하였으며, 이우의 형인 이이 역시 동생의 시를 높이 평가했다. 또한 어머니 신사임당의 그림에 많은 영향을 받아 풀꽃과 벌레, 사군자, 포도 등을 주로 그렸는데, 풀벌레를 그려 마당에 던지면 닭이 와서 쪼았다는 일화가 전해지는 점도 어머니와 비슷하다.

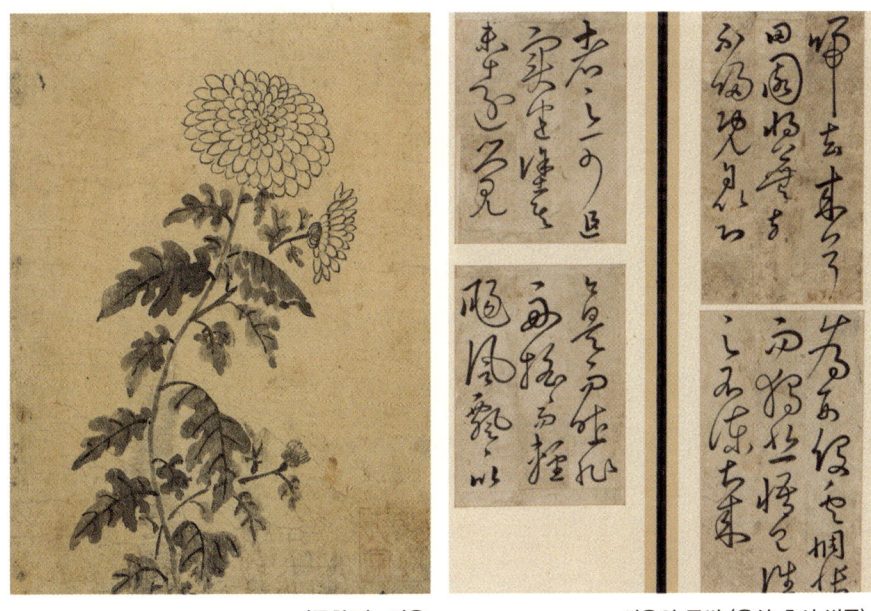

〈국화도〉, 이우   이우의 글씨 (옥산 초서 병풍)

10장
여성의 벽을 넘어 꽃피운 예술혼

　사임당은 손때가 타 낡은 벽장문을 조심스레 열었다. 벽장 속에는 지금껏 그려 온 그림들이 소복이 쌓여 있었다. 누구에게 팔거나 자랑하지 않고 자신만이 아끼어 소중히 보관해 온 그림들이었다. 지나온 세월만큼 빛깔이 바래긴 했지만 어느 것 하나 애정이 가지 않는 것이 없었다. 사임당은 그림을 꺼내어 하나씩 살펴보았다. 새빨간 수박, 푸른 오이, 매미, 여치, 쇠똥구리……. 온갖 꽃과 과일, 풀과 벌레들이 가득한 그림들이었다.
　"어머니, 이 매미는 곧 떨어질 것 같아요!"
　매창이 가는 원추리 줄기에 매달린 매미를 가리키며 깔깔 웃었다. 매창은 누구보다도 어머니의 그림을 좋아하고 이해해 주었다.
　"정말 그렇구나. 어미도 그리면서 그런 생각을 했었지."

"그런데 어머니, 왜 꽃과 벌레를 많이 그리시는 거예요? 어머니 그림에 산과 바다는 많지 않아요."

그림을 넘기던 매창이 의아하다는 듯 사임당을 향해 물었다. 사임당은 매창의 물음에 고개를 끄덕이며 미소를 지었다.

"산과 바다, 풀과 벌레 중에 우리가 쉽게 자주 보는 것이 무엇이더냐?"

"음……. 풀과 벌레요."

"그래. 꼭 산과 바다만을 그려야 대단한 그림이겠느냐? 흔히 볼 수 있는 풀과 벌레도 가만히 들여다보면 하늘과 땅의 신비를 모두 담고 있단다."

사임당의 말을 들으며 그림을 가만히 들여다보던 매창이 손뼉을 쳤다.

"정말 그래요! 나비와 쇠똥구리가 있으니 하늘과 땅의 생물이 모두 담겨 있어요. 맨드라미 잎사귀가 흔들리는 것처럼 보이니 바람도 불고 있고요."

사임당은 매창을 기특해하며 머리를 가만히 쓰다듬어 주었다. 어린 시절부터 주위의 작은 식물과 벌레들을 가까이 살피기 좋아하던 사임당이었다. 살아 움직이는 생명력과 자연의 신비로움을 느낄 수 있는 작은 생물들은 언제나 그녀의 마음을 사로잡았다.

"그래, 이 속에 이미 넓은 자연이 담겨 있지 않느냐."

나란히 앉은 모녀는 그림 이야기로 시간 가는 줄을 몰랐다. 결혼 후에도 붓을 놓지 않고 틈틈이 그려 왔던 그림이 어느덧 수십 장이나 되어 있었다. 찬찬히 자신의 그림들을 쓸어내리는 사임당의 얼굴에 미소가 차올랐다.

때로는 밖으로 나가 넓은 풍광을 직접 보고 화폭에 담고 싶기도 했다. 그러나 그림을 그리는 여인에 대한 사람들의 시선은 그리 곱지 않았다.

"여자가 그림이라니, 쓸데없는 짓을 하는구먼."

"어디 시집온 여자가 한가롭게 그림이나 그리고 있는가 말이야."

"집안 살림은 하고 그림을 그리는 겐가?"

동네 사람들은 결혼을 하고 나서도 그림 그리기를 쉬지 않는 사임당의 모습을 보며 좋지 않은 말들을 흘리곤 했다. 그러나 사임당은 오로지 붓끝이 그려 내는 선에 집중할 뿐이었다.

하루는 남편 이원수의 친구들이 놀러 와 불쑥 이런 말을 꺼냈다.

"자네 부인이 그토록 그림을 잘 그린다지?"

"그러게. 자네 말만 들으면 아주 대단한 솜씨인 듯한데, 우리에게도 좀 보여 주지 않겠나?"

"그거 좋은 생각일세. 당장 부인께 그림 한 폭 청해 보면 어떻겠는가?"

갑작스런 친구들의 말에 이원수는 난감한 기분이 들었다.

'지금 바로 그림을 그려 오라니. 부인께 무어라고 말을 해야 좋을까?'

고민하는 이원수를 보자 친구들은 더욱 성화를 부렸다. 사실 친구들에게는 여인의 그림 솜씨가 뛰어나면 얼마나 뛰어날까 하는 마음도 있었다. 또한 남녀가 유별한 시대인 만큼 여인에게 그림을 대놓고 그려 보라고 하는 것은 그리지 말라고 하는 것과도 같았다.

"예끼, 이 사람아! 자네가 말이 없는 걸 보니 부인의 그림 솜씨는 사실이 아니로구먼."

"그건 아닐세! 조금만 기다려 보게."

이원수는 하인을 불러 사임당에게 그림을 그려 오라는 말을 전했다.

"마님, 바깥어른께서 지금 그림을 한 폭 그려서 가져오라시는데요."
"그림을 말인가? 지금?"
"네, 친구분들이 마님의 그림 솜씨를 보고 싶다면서 청하셨답니다."

하인에게 소식을 전해 들은 사임당은 깜짝 놀랐다. 친구들에게 그림을 보여 줄 것이라고 하니 난감하기 짝이 없었다.

'이를 어쩐다. 지금 어찌 그림을 그린단 말인가……'

남편의 친구들이 어떤 생각으로 자신에게 그림을 그려 보라고 했는지 내심 짐작이 되었다. 그들도 여인인 사임당이 그림을 자랑하려 내놓기 어렵다는 것을 잘 알 테니 자신과 남편을 난처하게 하려는 마음으로 그랬을 것이다. 만약 자신이 그림을 그려서 내놓으면 솜씨를 자랑하는 허영 있는 여인이 될 테고, 그림을 그리지 않으면 솜씨가 없는 여인이 될 것이었다. 게다가 그렇게 되면 남편의 위신도 땅에 떨어질 것이다.

"참 난처한 일이구나. 지금 서방님과 친구분들은 무엇을 하고 계신가?"
"사랑채에서 담소를 나누고 계십니다. 막 술상을 들이고 있습지요."

하인의 말에 사임당은 문득 어떤 생각이 들었다.

"술상에 내가는 쟁반이 있지?"
"쟁반요? 놋 쟁반 말씀이십니까?"
"그래. 그 쟁반을 당장 이리 가져오게."

하인이 나가자마자 사임당은 벼루에 먹을 갈기 시작했다. 이윽고 하인이 놋 쟁반을 들고 들어오자 사임당은 쟁반을 깨끗이 닦아 바로 놓고 그 위에 그림을 그리기 시작했다. 붓에 먹을 듬뿍 묻혀 굵은 가지를 세우고, 그

곁으로 잔가지들을 그려 나갔다. 사임당의 붓은 쟁반 위에서 힘차게, 때로는 부드럽게 움직였다. 곁에서 지켜보던 하인의 눈이 금세 휘둥그레졌다.

마침내 신사임당이 붓을 내려놓았다.

"자, 이걸 가지고 가게."

사임당은 만족스런 미소를 지으며 쟁반을 하인에게 내밀었다.

이윽고 이원수와 친구들 앞에 사임당의 그림이 도착했다.

"마님께서 보내신 그림입니다."

"오호, 정말로 그림을 그려서 보냈단 말이지?"

"어디 그 솜씨 좀 보세."

종이 위에 그려진 그림을 기대하던 친구들은 하인의 손에 들린 쟁반을 보고 모두 의아한 표정을 지었다.

"아니, 그게 무엇인가?"

"이것이 그림이란 말인가?"

친구들의 눈길이 모두 쟁반으로 향했다. 쟁반 위에는 굵은 가지 위에 탐스럽게 피어난 매화가 고운 자태를 뽐내고 있었다. 한마디씩 야유를 하려고 고개를 내밀던 친구들도 말문이 막힌 채 그림을 멍하니 바라보았다.

쟁반에 그려진 매화의 가지와 꽃잎은 마치 살아 있는 듯 생동감이 있었다. 은은하게 빛나는 놋 쟁반 또한 매화의 기품을 더해 주었다. 게다가 고고한 그림의 자태는 그린 사람의 품위를 은은하게 풍겨 내고 있었다. 쟁반을 두고 둘러앉은 모두가 말없이 사임당의 그림에 깊이 탄복할 뿐이었다.

'역시 부인의 그림이로구나. 그런데 왜 쟁반 위에 그려 냈을꼬?'

이원수는 골똘히 그림을 바라보며 생각에 잠겼다. 한참을 쟁반 위에 머물러 있던 이원수의 눈길이 한순간 깨달음으로 꿈틀했다.

'아하! 그런 뜻이 담겨 있었구나!'

소박한 여인의 물건인 쟁반에 그림을 그렸으니 그 행동에는 겸손한 여인의 덕이 담겨 있었다. 또한 종이에 그림을 그렸다면 친구들이 그림을 가져갈 수도 있으나, 남의 집 쟁반을 가져갈 수는 없는 노릇이니 그 또한 뽐내지 않으려는 사임당의 마음을 나타내고 있었다. 그러면서도 동시에 그림 솜씨를 유감없이 발휘하였으니 과연 사임당다웠다.

"참으로 깊은 기품과 솜씨를 지닌 여인이네."

"어찌 여인의 솜씨라 하여 하찮게 여기겠는가!"

친구들은 모두 입을 모아 사임당의 그림에 감탄을 했다. 이원수도 덩달아 뿌듯한 웃음을 지었다.

비단 식물과 곤충 그림만 그린 것이 아니라 사임당은 종종 글씨를 쓰기도 하고 산수화를 그리기도 했다. 조용히 생각을 정리하고 싶을 때는 주저 없이 붓을 잡아 글을 써 내려갔다. 온 정신을 집중하여 한 자 한 자 글씨를 써 나가면 그 자체로 마음의 근심을 모두 풀어낸 기분이 들었다.

"어머니, 어떤 글을 쓰고 계신 거예요?"

사임당이 마지막 글자를 쓰고 붓을 벼루에 내려놓자 기다렸다는 듯 사임당을 지켜보던 아들이 물었다. 넷째 아들 우는 사임당이 글을 쓰는 것을 언제나 신기하게 지켜보고 따라 하곤 했다.

"당나라의 시인이 쓴 시란다. '내 생각이 고요하여 마음 쓸 일이 없고, 문닫고 집에 있으니 풍경이 더디다'라는 뜻이지."

"글자가 마치 물처럼 흘러내려요. 서로 껴안고 있는 것 같기도 하고요."

"쓰는 사람에 따라 같은 글자라도 다른 모양, 다른 느낌을 주는 법이다. 어디에 붓을 대고 떼야 할지 미리 생각해야 하지. 한번 써 보겠느냐?"

아들의 손에 가만히 붓을 쥐여 주는 사임당의 입가에 미소가 어렸다. 우가 붓을 잡고 글을 써 내려가자 사임당도 새로운 종이를 펼쳐 그림을 그려 나갔다. 이번에는 고향을 닮은 높은 산과 푸른 바다를 그려 볼 참이었다.

많은 사람들이 여자의 솜씨는 남자보다 못하다고 여겼지만, 사임당은 오히려 여인이기 때문에 붓을 더욱 부드럽고 섬세하게 움직일 수 있다고 생각했다. 그리고 그것이 바로 자신이 지닌 장점이라 여겼다.

사임당의 붓이 종이 위를 노닐며 바다 위의 잔물결이 되고 우뚝 솟은 바위가 되었다. 이번에는 방향을 바꾸어 붓을 살짝 들어 내렸다. 부드러운 선들이 합쳐지고 번져 노를 젓고 있는 사공의 모습을 그려 냈다. 사임당은 이마에 땀이 맺히는 줄도 모르고 그림에 빠져들었다.

어린 시절 키웠던 그림에 대한 꿈은 일평생 사임당을 지탱해 주는 힘이 되었다. 그림을 그리는 동안만큼은 누구에게도 신경 쓰지 않고 자신에게 집중할 수 있었기 때문이다.

어느덧 비어 있던 종이 위에는 사임당의 인생만큼이나 아름다운 풍경이 서서히 드러나고 있었다.

꿈을 키운 조선의 여성들

시대의 차별을 넘어 감동을 준 시인 – 허난설헌

1563년 강원도 강릉에서 태어난 허난설헌은 어렸을 때부터 시를 배워 글을 쓰는 데 뛰어난 재주를 보였다. '난설헌'은 그녀의 호이며 이름은 '초희'이고, 《홍길동전》의 저자 허균의 누나이기도 하다.

허난설헌이 살던 시기에는 신사임당이 살던 때보다 남녀의 차별이 더 심하였다. 여성들은 집안일을 하고 남성을 보조하는 역할만을 하며 살고 있었기 때문에 여자로서 시를 쓴다는 것은 무척 어려운 일이었다. 게다가 남편과 시어머니와의 갈등으로 힘든 결혼 생활을 하였고, 두 아이를 돌림병으로 잃고 유산하는 등 불행한 삶을 살았다.

그러나 허난설헌은 시를 통해 자신의 슬픔을 풀어 놓았고 마음을 다스렸다. 그렇기에 그녀의 시에는 잔잔한 슬픔이 담겨 있어 애잔함을 자아내는 것들이 많다.

비록 건강이 나빠져 이른 나이에 숨을 거두었지만 그녀의 시는 남아 많은 사람들에게 애송되며 감동을 주고 있다.

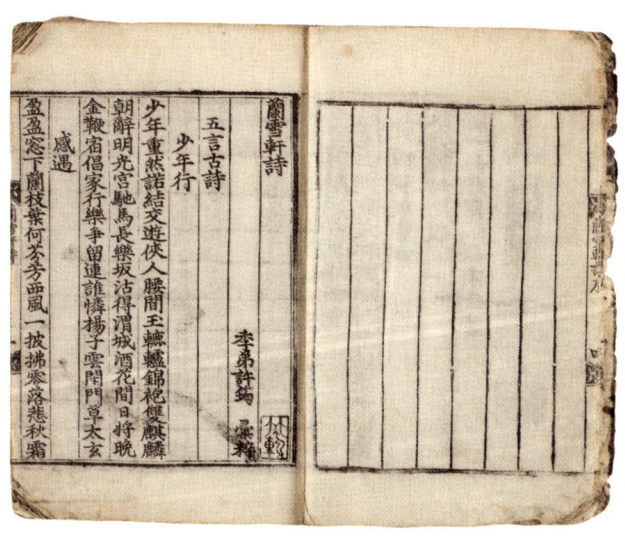

《난설헌집》
허난설헌의 시를 모아 펴낸 책. 허난설헌이 세상을 떠난 뒤 동생 허균이 친정에 보관되어 있던 작품들을 편집하여 중국에 전하면서 출간되었다.

감우 (感遇 : 느낀 대로 노래하다)
하늘거리는 창가의 난초 가지와 잎 그리도 향기롭더니
가을바람 잎새에 한번 스치고 가자 슬프게도 찬 서리에 다 시들었네
빼어난 그 모습은 이울어져도 맑은 향기만은 끝내 죽지 않아·
그 모습 보면서 내 마음이 아파져 눈물이 흘러 옷소매를 적시네

여성의 한계를 뛰어넘은 용기 있는 기업가 – 김만덕

김만덕은 제주도의 가난한 가정에서 태어났다. 12살에 부모를 잃고 기생이 되었으나 다시 원래의 양인 신분을 되찾고 사업을 시작했다.

김만덕은 객주를 운영하면서 육지의 물품을 사들이고 제주의 특산물을 팔며 많은 돈을 벌어 대상인이 되었다. 여성의 사회 활동이 제한된 분위기 속에서 결혼도 하지 않은 여자가 상인이 된다는 것은 쉬운 일이 아니었지만 김만덕은 뛰어난 장사 수완으로 막대한 부를 얻게 되었다.

그러던 1794년 가을, 제주는 계속되는 재해로 백성들이 거의 굶어 죽을 위기에 처하게 되었다. 한양에서 보낸 구휼미도 풍랑에 침몰하자 상황은 더욱 악화되었다. 이때 김만덕은 기꺼이 자신의 전 재산을 털어 제주 백성들에게 쌀을 제공하였다. 만약 그녀가 아니었다면 수천 명이 굶어 죽고 말았을 것이었다.

이 이야기가 나라 전역에 알려지자 많은 사람들이 김만덕을 칭송하였고, 정조 임금도 그녀의 선행을 치하하여 당시 여성으로서는 쉽지 않았던 금강산 여행의 기회를 상으로 내려 주었다.

〈김만덕 영정〉

오이 덩굴이 언덕 타고 감겼는데
밑에선 개구리가 더위잡고 올라가네.
참외들이 온 밭에 깔렸는데
단내 맡은 굼벵이가 흙 속에서 나오누나.
수박 위에 찬비가 뿌리는데
쓰르라미 쓰렁쓰렁 깃을 떨기 시작하고
원추리 꽃잎 빛깔 변하는데 귀뚜라미 쉼 없이 우는구나.
붓 솜씨 더 묘하여 새빨간 저것이 바로 맨드라미 아닐런가.
붉은 여뀌 다시 쓸쓸한 채,
무거운 꽃 약한 잎새 드리워 한들한들.
다시 보니 벌이 있고 그 곁에 나비로다.
꽃에 붙고 잎에 붙고 서로 와서 감도누나.
봄바람 그윽하다.
붓 아래로 불어와 찍어 놓은 한 점 한 점이
하늘의 조화를 빼앗았구나.

-숙종 때 문인 신정하가 사임당의
〈초충도〉를 보고 남긴 시

〈초충도 – 수박과 들쥐〉

〈초충도 - 가지와 방아깨비〉

〈초충도 - 오이와 개구리〉

〈초충도 - 양귀비와 도마뱀〉

〈초충도 - 어숭이(접시꽃)와 개구리〉

〈초충도 – 맨드라미와 쇠똥구리〉

〈초충도 – 산차조기와 사마귀〉

〈초충도 - 원추리와 개구리〉

'신사임당은 어려서부터 그림을 잘 그렸다. 포도 그림과 산수화는 절묘하여 평하는 사람들이 '안견 다음간다.'라고 하였다. 아, 어찌 부인의 솜씨라 하여 소홀히 해서야 되겠으며, 또 어찌 부인이 해서는 안 될 일이라 하여 책망할 것인가.'

—어숙권의 《패관잡기》 중

신사임당의 〈초충도〉

신사임당은 시, 글씨, 그림에 모두 뛰어났고 자수의 수준도 매우 높았다. 조선 초기의 대표적인 여류 화가로서 다양한 주제의 작품을 남겼지만 특히 포도, 대나무, 매화 등 다양한 식물과 나비, 사마귀, 쇠똥구리 등 여러 가지 곤충을 주제로 한 작품이 많이 알려져 있다.

신사임당은 이렇게 다양한 〈초충도〉를 남겼는데, 여기에 소개된 작품은 그중에서도 특히 유명한 그림들로, 8폭 병풍에 그려져 있다. 섬세한 필선, 선명한 색채, 안정된 구도 등을 보이는 훌륭한 작품으로 평가되며, 자연을 향한 신사임당의 뛰어난 관찰력과 애정 어린 시선을 느낄 수 있다.

《패관잡기》

조선 명종 때의 문인 어숙권이 쓴 책으로, 당시의 정치, 사회, 인물, 풍속 등에 관련된 이야기들을 모아 해설을 붙인 것이다.

● 신사임당에게
묻다
오늘날의 우리들이
알고 싶은 이야기

Q 조선 시대에는 여자들이 차별을 받았잖아요. 여자로 태어난 것이 화가 나거나 원망스럽진 않으셨나요?

　　신사임당 : 요즘 여러분들이 생각하기엔 조선의 제도가 잘 이해되지 않을 수도 있을 거예요. 특히 여학생들은 화가 많이 날지도 몰라요. 하지만 조선 시대에는 너무나 당연한 것이었어요. 그래도 다행히 제가 태어났을 때에는 남녀 차별이 그리 심하지 않았고 저희 어머니 아버지도 딸이라고 저를 소홀히 여기지 않으셨죠. 물론 저도 아쉬운 마음이 들 때가 있었어요. 아무래도 남자였다면 내 꿈을 펼치기 더 쉬웠을 테니까요. 하지만 남자가 아닌 여자였기 때문에 아름다운 시를 짓고 섬세한 그림을 많이 그릴 수 있었다고 생각해요. 자신이 처한 환경에 실망하기보다는 그 환경을 딛고 자신

이 할 수 있는 일이 무엇일까 생각하는 것이 더 멋지지 않을까요?

Q 선생님의 그림은 정말 아름다워요. 그림을 잘 그리는 비결이라도 있었나요?

신사임당 : 제 그림을 좋게 봐 주니 정말 고마워요. 무엇보다 꾸준한 노력이 가장 중요하다고 생각해요. 저도 처음부터 그림을 잘 그린 것은 아니에요. 단지 내가 좋아하는 일을 열심히 하다 보니 실력도 점점 늘어난 거죠.

Q 그러면 그림을 그만두고 싶었던 적은 없으셨나요?

신사임당 : 물론 그림을 그리면서 지겹고 힘든 적도 있었지요. 하지만 어떤 일이든 어려움은 있기 마련이니까요. 저는 스스로 발전하는 기쁨을 느꼈기 때문에 평생 그림을 그만두지 않을 수 있었어요. 오히려 그림을 통해 힘든 일도 이겨 낼 수 있었지요. 여러분이 지금 가장 하고 싶고 좋아하는 일은 무엇인가요? 망설이지 말고 지금부터 꾸준히 노력해 보세요. 어느새 훌쩍 자란 스스로를 발견하게 될 거예요.

Q 선생님 인생에 가장 중요한 인물을 꼽자면 누구일까요?

신사임당 : 한 분을 꼽자면 저의 어머니시죠. 항상 저에게 용기를 주시고 많은 가르침을 주신 분이니까요. 늙으신 어머니를 고향에 두고 집을 떠날 때에는 정말이지 눈물을 참기가 어려웠지요. 한양에 살 때에도 제 마음 한편엔 늘 북평에 계신 어머니가 자리하고 있었어요. 어머니가 계셨기에 제가 많은 책을 읽을 수 있었고 그림에 집중할 수 있었다고 생각해요.

Q 결혼을 하고 일곱 남매를 낳아 키우셨잖아요. 집안일을 하면서 그림을 그리는 것이 무척 힘드셨을 것 같아요.

신사임당 : 아무래도 결혼을 하고 나니 그림을 그리고 책을 읽을 시간이 많이 줄었어요. 해야 할 집안일도 많았으니까요. 게다가 형편도 그리 풍족하지 않았고요. 하지만 덕분에 그림 한 장을 그릴 때에도 더욱 집중할 수 있었지요. 온 힘을 다해 그림을 그리고 나면 마음이 편해지고 어지러운 생각들이 모두 사라졌기 때문에 그림은 제게 없어서는 안 될 것이었죠.

Q 선생님의 자녀들 중에서는 지금까지도 많은 사람들이 기억하는 훌륭한 위인들이 많아요. 뿌듯하실 것 같아요.

신사임당 : 어머니로서 자랑스러워요. 아이들 스스로 노력하여 이룬 것이니까요. 저는 한 번도 아이들에게 무엇을 강요한 적이 없어요. 저 역시 그렇게 자랐으니까요. 아이들에게 항상 제가 먼저 모범을 보이려고 노력했어요. 그러면 누가 시키지 않아도 자연스럽게 옳은 것을 깨우치게 되죠.

Q 선생님은 책을 많이 읽고 공부를 많이 하셨잖아요. 어떻게 하면 선생님처럼 공부를 열심히 할 수 있을까요?

신사임당 : 여러분은 공부를 지겹다고 생각하나요? 그런 친구들은 무엇보다 공부를 왜 하는지 생각해 보아야 할 것 같아요. 저는 책을 읽을 때마다 전에는 몰랐던 새로운 것을 알게 되는 것이 무척 즐거웠어요. 억지로 하는 공부는 자신을 위한 것이 아니라고 생각해요. 공부는 누구에게 칭찬받거나

뽐내기 위해서 하는 것이 아니죠. 여러분도 공부를 통해 무엇을 배우고 깨닫고 있는지 스스로 생각해 보세요.

Q 오늘날 어린이들에게 하고 싶은 말씀은 무엇인가요?

신사임당 : 여러분들은 저보다 더 좋은 환경에서 자라고 있어요. 누구나 차별 없이 공부할 수 있고, 원하는 것을 노력하여 이룰 수 있죠. 어떤 사람이 되고 싶은지 알려면, 일단 자기 자신을 잘 알아야 해요. 자기가 무엇을 좋아하고 잘하는지 생각해 보고, 그것을 연습하고 또 연습해 보세요.

저는 '나는 여자라서 안 돼.'라고 생각하지 않고 '나는 여자지만 잘할 수 있어.'라고 늘 생각했어요. 여러분들도 '나는 안 돼.'라고 생각하기보다는 '그렇지만 나는 잘할 수 있어.'라고 생각해 보세요. 굳은 의지를 가지고 노력하면 꿈은 누구에게나 열려 있어요.

Q 5만 원권 지폐에 선생님의 얼굴이 실려 있어요. 어떤 기분이 드시나요?

신사임당 : 무척 영광스러워요. 저를 기억해 주는 사람들이 많다는 것이 기쁘기도 하고요. 현모양처라며 저를 칭찬해 주는 사람들도 많지만, 저는 누구의 아내나 어머니이기 이전에 예술가로서 인정받고 싶은 마음이 컸어요. 제 꿈을 위해 열심히 노력해 왔기 때문이죠. 지폐의 인물이 되면서 저를 한 명의 화가로 인정해 주는 사람들이 많아져서 기분이 좋네요.

신사임당이 걸어온 길

- **1522년** 덕수 이씨 가문의 이원수와 결혼함. 결혼 몇 달 후 아버지가 세상을 떠남.
- **1524년** 서울에서 맏아들 선을 낳음. 경기도 파주 율곡리에 거주함.
- **1528년** 강릉 친정으로 내려가 어머니를 모시며 삶.
- **1529년** 맏딸 매창을 낳음.
- **1526년** 인도, 무굴 제국 성립.

- **1504년** 10월 29일 강원도 강릉 북평촌(현재 강릉시 죽헌동)에서 신명화와 용인 이씨 사이의 다섯 딸 중 둘째로 태어남.

1510 — **1520** — **1530**

- **1516년** 아버지 신명화가 진사시에 급제하였으나 관직을 사양하고 오로지 학문에만 전념함.
- **1517년** 루터, 95개조 반박문 발표.
- **1519년 ~1522년** 마젤란, 세계 일주.

● 1551년 서울 삼청동으로 이사함.
수운판관에 재직 중이던
남편이 맏아들 선과
셋째 아들 이와 함께
평안도로 출장을 떠났을 때,
갑자기 병으로 눕게 되어
5월 17일 세상을 떠남.

● 1536년 셋째 아들 이를 낳음.
● 1534년 영국의 종교 개혁.
● 1536년 칼뱅의 종교 개혁.

● 1555년 아우크스부르크 화의로
루터 교회 공인.

1540   **1550**

● 1541년 시집 살림을 주관하기 위해
서울로 아주 올라와 수진방
(지금의 종로구 수송동, 청진동)에서 생활함.
● 1542년 넷째 아들 우를 낳음.